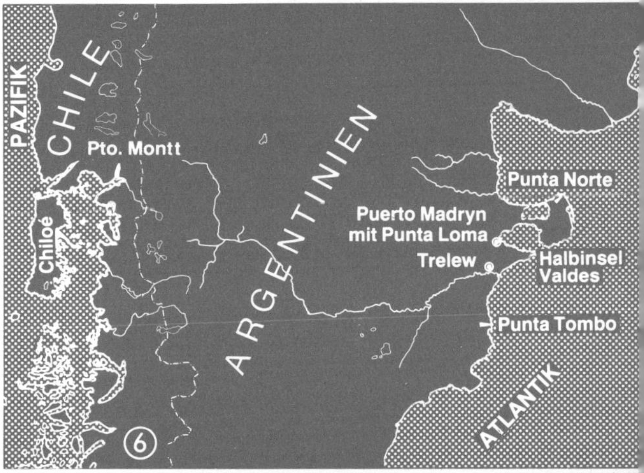

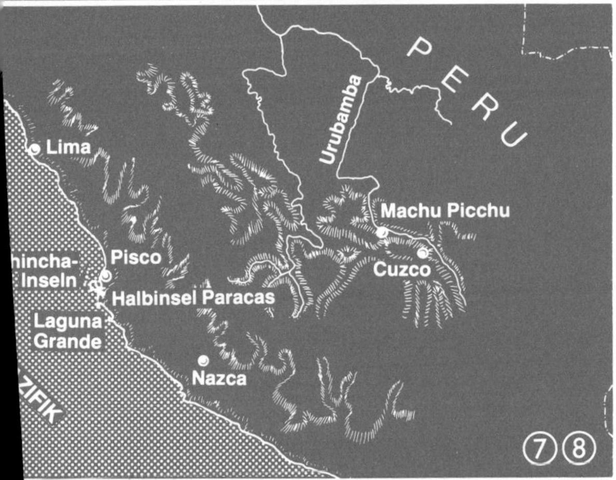

① Umgebung von Buenos Aires
② Feuchte Pampa
③ Chaco in der Provinz Salta
④ Provinz Misiones, Umgebung von Iguazú
⑤ Anden der Provinz Salta
⑥ Provinz Chubut mit Halbinsel Valdés und Punta Tombo
⑦ Mittelperuanische Küste mit Halbinsel Paracas und den Guanoinseln
⑧ Peruanische Anden mit Cuzco und Machu Picchu
⑨ Umgebung des Cotopaxi, Ecuador
⑩ Umgebung von Santo Domingo de los Colorados
⑪ Umgebung von Guayaquil, Ecuador
⑫ Rio Napo und Umgebung
⑬ Galápagos-Archipel

„Es geht doch nichts über die Freude, die uns das Studium der Natur gewährt. Ihre Geheimnisse sind von einer unergründlichen Tiefe, aber es ist uns Menschen erlaubt und gegeben, immer weitere Blicke hineinzutun. Und gerade, daß sie am Ende doch unergründlich bleibt, hat für uns den ewigen Reiz, immer wieder heranzugehen und immer wieder neue Einblicke und neue Entdeckungen zu versuchen."

Goethe zu Eckermann

Claus König

Auf Darwins Spuren

Ökologische Betrachtungen im Lande des Kondors

Mit einem Geleitwort von
Bernhard Grzimek

und Beiträgen von Rainer Ertel, Bernhard Grzimek, Christoph Imboden, Russell Peterson, Ian Prestt und Arnd Wünschmann

Mit 212 farbigen Photos, 5 Zeichnungen und 8 Karten

Mit Unterstützung der
Daimler-Benz AG, Stuttgart
in Zusammenarbeit mit dem
Deutschen Bund für Vogelschutz e.V., Kornwestheim

Verlag Paul Parey · Hamburg und Berlin

Bildnachweis: Gegenüber S. 127: Kurt Obländer, Stuttgart; gegenüber S. 150 (4 Photos): Erwin Patzelt, Oldenburg, Holst.; gegenüber S. 142, unten links: Ilse Janus, Ludwigsburg; alle übrigen Photos stammen von Ingrid und Claus König. Die Zeichnungen im Text und die Karten auf den Vorsatzblättern zeichnete Markus Grabert, Stuttgart.

Abb. auf S. 2: Kanincheneule, ein in Erdhöhlen brütender Kauz.

CIP-Kurztitelaufnahme der Deutschen Bibliothek

König, Claus:
Auf Darwins Spuren : ökolog. Betrachtungen im Lande d. Kondors / Claus König. Mit e. Geleitw. von Bernhard Grzimek u. Beitr. von Rainer Ertel ... In Zusammenarbeit mit d. Dt. Bund für Vogelschutz e. V. – Hamburg ; Berlin : Parey, 1983.
ISBN 3-490-18518-8

 Anschriften: Spitalerstraße 12, 2000 Hamburg 1; Lindenstraße 44–47, 1000 Berlin 61. Printed in Germany by Rasch Druckerei und Verlag GmbH & Co. KG, Bramsche. Umschlag- und Einbandgestaltung: Evelyn Fischer, Hamburg, unter Verwendung eines Photos des Autors.

ISBN 3-490-18518-8

Zum Geleit

Auf seiner Reise mit der „Beagle" erkannte Charles Darwin, daß die Artenfülle im Tier- und Pflanzenreich durch ökologische Anpassung und Besetzen ökologischer Nischen entstand. Dabei waren die Ergebnisse seiner Untersuchungen auf dem südamerikanischen Festland sowie auf Galapagos von besonderer Bedeutung.

Darwins Erkenntnisse sind heute wesentliche Grundlagen in der Biologie. Ökologische Anpassung und Evolution haben jedoch auch große Bedeutung im Hinblick auf den Naturschutz. So kann man Reaktionen der Lebewesen auf Umweltveränderungen feststellen, etwa beim Ausbreiten bestimmter Arten oder beim Verschwinden anderer. Es bilden sich immune Stämme von „Schädlingen" gegenüber Giften; es entstehen Mutationen, z. B. durch Auswirkungen von Landschaftszerstörung und Biozidanwendung.

In diesem Buch werden verschiedene Regionen der Länder Argentinien, Peru und Ecuador besucht; ein besonderes Kapitel ist Galapagos gewidmet. Der Autor folgte weitergehend Darwins Route und beschäftigte sich mit ökologischen Fragen sowie mit Problemen des Naturschutzes. Somit wandelte er auch in dieser Hinsicht auf Darwins Spuren. Seinen Ausführungen liegen insgesamt acht Expeditionen nach Südamerika zu Grunde, in deren Verlauf auch die hier verwertete Bilddokumentation entstanden ist. Somit wird ein Situationsbericht über verschiedene Regionen Südamerikas gegeben, der u. a. auch neue wissenschaftliche Erkenntnisse enthält, wie z. B. die Verwandtschaft der Neuweltgeier mit den Störchen.

Darüber hinaus kann dieses Buch dem naturkundlich, vor allem ornithologisch interessierten Besucher Südamerikas Grundkenntnisse vermitteln, die zum Verständnis der Artenvielfalt notwendig sind. Durch die vielen Photos stellt es außerdem eine Hilfe zum Bestimmen zahlreicher Spezies dieser ungeheuer artenreichen Faunenregion dar.

Die Evolution geht weiter. Wir müssen ihr eine Chance geben, auch, um selbst zu überleben! Diese besteht jedoch nur dann, wenn Forderungen des Natur- und Umweltschutzes mehr als bisher beachtet und befolgt werden.

Seit etwa zwei Millionen Jahren gibt es Menschen auf der Erde. Im Vergleich zur Erdgeschichte ist dies fast nichts! Wir sind aber drauf und dran, unsere Erde in einen öden Planeten zu verwandeln.

Erkenntnisse zum Thema Naturschutz sind wichtig, ganz gleich, in welcher Ecke der Welt sie gesammelt werden. Hierzu gehören auch Kenntnisse über Biologie und ökologische Anpassung typischer Formen aus der Tier- und Pflanzenwelt. Besonders gute Beispiele findet man vor allem in der Vogelwelt, da Ornithologie – als Scientia amabilis – von vielen Amateuren betrieben wird. Der Autor, beruflich als Ornithologe am Staatlichen Museum für Naturkunde in Stuttgart tätig und ehrenamtlich Präsident des Deutschen Bundes für Vogelschutz, hat bei seinen Betrachtungen deshalb die Vögel in den Vordergrund gestellt.

Naturschutz ist eine weltweite Aufgabe! Nur bei dieser Betrachtungsweise dürfte es möglich sein, eine Umwelt zu erhalten, in der es sich noch zu leben lohnt. Die Unterrichtung weiter Kreise über brennende Naturschutzprobleme ist daher heute wichtiger denn je! Ich wünsche diesem Buch eine weite Verbreitung, weil es ein mahnender Aufruf an uns alle ist, die Gefahren zu erkennen, die durch Naturvernichtung in anderen Ländern auf uns zukommen. Es liegt an uns, entsprechend zu handeln!

Professor Dr. Dr. Bernhard Grzimek

Vorwort

Am 27. Dezember 1831 verließ das Forschungsschiff „Beagle“ den englischen Hafen Devonport, um vor allem die Küstengebiete im südlichen Südamerika zu erforschen. Außerdem sollten Tier- und Pflanzenarten sowohl vom südamerikanischen Kontinent als auch von der dazugehörigen Inselwelt für das Britische Museum gesammelt werden. Zur Wahrnehmung der naturkundlichen Aufgabe war dem Kapitän der „Beagle“, dem äußerst konservativen Fitz Roy, der junge Student Charles Darwin zugeteilt worden. Diesen interessierten – im Gegensatz zum Wunsche seines Vaters – von jeher naturwissenschaftliche Fragen bedeutend mehr als Medizin oder Theologie. Die Fülle der Beobachtungen aus dem Gesamtgebiet der Biologie sowie des Sammlungsmaterials, die Darwin von seiner fünfjährigen Forschungsreise um die Welt mitbrachte, bildeten die Grundlage für sein aufsehenerregendes Werk „Die Entstehung der Arten“, das er mit folgendem Satz schloß: *„Es liegt etwas Großartiges in der Auffassung, daß das Leben mit seinen mannigfaltigen Kräften vom Schöpfer ursprünglich nur wenigen Formen oder gar nur einer eingehaucht worden ist und daß, während unser Planet den festbestimmten Gesetzen der Schwerkraft folgend kreist, sich aus so einfachem Anfang eine endlose Zahl der schönsten und wunderbarsten Formen entwickelt hat und noch immer entwickelt.“*

So etwas zu schreiben, war im Jahre 1859, als das Buch erschien, recht gewagt, da es die orthodoxe Auffassung von der Unveränderlichkeit der Lebewesen ins Wanken brachte. Vor allem in kirchlichen Kreisen riefen Darwins Evolutionstheorien Empörung hervor, weil man sich dagegen sträubte, im Menschen – einem Abbild Gottes – einen Verwandten der Affen zu sehen. Zwar wehren sich auch heute noch manche gegen die unerwünschte Verwandtschaft, doch ist die Entstehung der Arten durch Evolution inzwischen wissenschaftlich erwiesen und zählt in der Biologie zum Grundwissen.

Ähnliche Forschungsarbeiten, wie sie vor rund 150 Jahren Charles Darwin betrieb, werden heute vor allem an naturkundlichen Museen durchgeführt, die zugleich Forschungsinstitute und Volksbildungsstätten sind. So arbeiten beispielsweise am Staatlichen Museum für Naturkunde in Stuttgart über 20 Wissenschaftler auf den Gebieten der Paläontologie, Botanik und Zoologie. Sie erforschen u. a. biologische Zusammenhänge, studieren verwandtschaftliche Beziehungen der Tier- und Pflanzenarten untereinander und befassen sich mit dem Verhalten von Tieren sowie mit deren Ansprüchen an ihre Umwelt. Besonders der letztgenannten Forschungsrichtung kommt heute große Bedeutung im Hinblick auf den Natur- und Umweltschutz zu. Die Forschungsarbeit an Naturkundemuseen ist deshalb als eine Arbeit auf Darwins Spuren anzusehen. Auch heute noch bildet das in den Magazinen lagernde Sammlungsmaterial eine wichtige Grundlage für die wissenschaftliche Betätigung. Darüber hinaus sind jedoch Untersuchungen im Freiland erforderlich, um eindeutige Ergebnisse zu erlangen. Somit kommt den Forschungsrichtungen Ökologie und Ethologie (Verhaltensforschung) bei der Arbeit auf Darwins Spuren eine wichtige Bedeutung zu. Photos, Filme und Tonaufnahmen geben uns heute die Möglichkeit, das Verhalten von

Tieren in ihrer natürlichen Umgebung dokumentarisch festzuhalten und entsprechend wissenschaftlich auszuwerten.

Die fünfjährige Reise Darwins führte vor allem in verschiedene Länder Südamerikas sowie zu den Galapagos-Inseln. Wie in der gleichnamigen Filmserie folgen wir auch in diesem Buch weitgehend den Spuren Darwins in Südamerika und besuchen Argentinien, Peru, Ecuador und schließlich die Galapagos-Inseln. Bei diesen insgesamt acht Expeditionen erging es meinen Begleitern und mir wie Charles Darwin, der vor rund 150 Jahren diese Regionen besuchte: Wir waren begeistert von der Landschaft wie von der Formenfülle in der Tier- und Pflanzenwelt! Die in diesem Buch veröffentlichten Photos mögen dem Leser davon eine Vorstellung vermitteln. Wir sahen aber auch die mit ungeheurer Geschwindigkeit um sich greifende Zerstörung natürlicher Lebensräume, verbunden mit dem Verschwinden von Tier- und Pflanzenarten. Deshalb wollen wir uns in diesem Buch nicht zuletzt auch mit Fragen des Naturschutzes befassen.

Dieses Werk soll also wissenschaftliche Erkenntnisse in allgemeinverständlicher Form vermitteln, zugleich aber unüberhörbar darauf hinweisen, daß es auch in den Ländern Südamerikas später als fünf vor zwölf ist, und daß nichts unversucht bleiben darf, zu retten, was an Natur überhaupt noch zu retten ist. Es darf nicht so weit kommen, daß die Bilder in diesem Buch nur noch Dokumente verschwundener Lebensräume und ihrer Tier- und Pflanzenwelt sind! Daß Naturschutz eine weltweite Aufgabe ist, und daß auch uns in Europa beispielsweise der Schutz der tropischen Regenwälder in Südamerika etwas angeht, wird in einem besonderen Kapitel erläutert werden. Evolution, Ökologie und Naturschutz sind eng miteinander verknüpft. Betrachtungen über die Bedeutung des Schutzes natürlicher Lebensräume und der dort vorkommenden Tier- und Pflanzenarten sind deshalb ebenfalls als Tätigkeiten „auf Darwins Spuren“ anzusehen.

An dieser Stelle möchte ich allen Freunden und Helfern danken, die mit dazu beigetragen haben, daß dieses Buch entstehen konnte. Besonderer Dank gilt hier der *Daimler-Benz AG,* die den Druck in großzügiger Weise unterstützte, sowie den *Aerolineas Argentinas,* die mir bei der Durchführung der Forschungsreisen in mehrfacher Hinsicht geholfen haben.

Für freundliche Hilfe habe ich ferner zu danken den argentinischen Kollegen und Freunden G. Hoy (Salta), Dr. C. Olrog (Tucumán), R. Foerster (Iguazú) sowie der Asociación Ornitológica del Plata in Buenos Aires; außerdem dem Landwirtschaftsministerium in Lima, Peru, und Prof. Dr. H. Sick in Brasilien. Nicht zuletzt danke ich ganz besonders herzlich meiner lieben Frau Ingrid, die mich auf den Expeditionen begleitete und einen Teil der photographischen, filmischen und Tondokumentation übernahm, sowie meinem Freund und Kollegen Dr. Rainer Ertel, der mir 1979 auf einer von sechs Expeditionen nach Argentinien hilfreich zur Seite stand. Schließlich habe ich Herrn M. Grabert zu danken für die Anfertigung der Zeichnungen. Ganz besonderer Dank gebührt den Herren Prof. Dr. E. Schüz und Dr. H. Janus für wertvolle Anregungen und Hinweise.

Als Benutzerhinweis sei erwähnt, daß die im Buch genannten Tier- und Pflanzenarten fast ausschließlich nur mit ihren deutschen Namen aufgeführt sind. Die entsprechenden wissenschaftlichen Bezeichnungen sind im Namensverzeichnis am Schluß des Buches vermerkt.

Stuttgart, im Frühjahr 1983 Dr. Claus König

Inhalt

Im Lande des Hornero

Die etwa neun Millionen Einwohner zählende Stadt Buenos Aires ist eine Mischung aus Genua, Barcelona, Madrid und Neapel. Fast alles ist nach Quadraten geordnet, wie dies in vielen Städten Südamerikas der Fall ist. Daher heißt es auch, wenn man nach der Entfernung eines Geschäftes oder eines Hotels fragt, bis dahin seien es soundsoviele „Cuadras“.

Buenos Aires liegt am Westufer des *Rio de la Plata,* der von den Flüssen Paraná und Uruguay gebildet wird. Die Stadt zieht sich etwa 70 km an seinem Ufer entlang und dehnt sich rund 30 km landeinwärts aus. Die Klimaverhältnisse erinnern an die des Mittelmeergebiets, nur ist es meist feuchter.

Buenos Aires wurde 1536 von dem Spanier Pedro de Mendoza gegründet. Er nannte die Stadt *„Nuestra Señora Santa Maria del Buen Aire“,* weil günstige Luftströmungen Mendoza mit seinem Schiff dorthin geführt hatten. Mit „Guter Luft“ hat der Name nichts zu tun.

Nach der totalen Zerstörung von Buenos Aires durch die Indios wurde die Stadt 1580 von Juan de Garay, dem spanischen Gouverneur von Asunción, neu gegründet.

Die Bevölkerung von Buenos Aires sowie des ganzen Landes besteht überwiegend aus Europäern, vor allem spanischer oder italienischer Abstammung. Auch Deutsche, Franzosen und Schweizer sowie Engländer und Japaner sind lokal recht häufig vertreten. Indios findet man fast nur noch im Norden des Landes, vor allem im Andenraum. Dort lebt auch ein gewisser Prozentsatz an Mischlingen (Mestizen). Das heutige Buenos Aires ist eine moderne Weltstadt europäischer Prägung.

Angenehm fallen die vielen Grünanlagen in der Stadt auf, die vor allem im November besonders prächtig sind, wenn die Jakarandabäume in voller Blüte stehen, deren violettes Blau von den handelsüblichen Farbfilmen kaum richtig wiedergegeben wird. Im Winter der Südhalbkugel, das heißt im Juni, Juli und August, wirken die Anlagen ein wenig traurig, vor allem, wenn es längere Zeit nicht geregnet hat. Diese Grünflächen mit Bäumen und Büschen bieten einer Anzahl von Vogelarten Lebensraum und Nahrung. Abgesehen davon, daß man verwilderten Haustauben und aus Europa eingeschleppten Haussperlingen überall in der Stadt begegnet, trifft der Besucher in diesen Grünanlagen mehrere typische südamerikanische Arten an, die häufig sogar recht vertraut sind, wie z. B. die Ohrflecktaube und das Picuitäubchen, die Rotbauchdrossel und den Safranfinken. Besonders fällt der „Hornero“ auf. Diese Vogelart ist im nördlichen und mittleren Argentinien sowohl in Städten als auch auf dem Land weit verbreitet. Fast auf jeder Rasenfläche der Parkanlagen von Buenos Aires kann man diese starengroßen, überwiegend rötlichbraun gefärbten Vögel beobachten, die ähnlich wie unsere Stare umherlaufen, allerdings ihre Füße höher heben. Meist trifft man sie paarweise oder einzeln. Fliegen diese Vögel auf, so erinnern sie durch den rotbraunen Schwanz etwas an große Nachtigallen.

Diese Horneros, auch Töpfervögel genannt, haben ihren Namen von dem merkwürdigen Nest, das sie bauen. Dieses ist ein etwa menschenkopfgroßer kugeliger Bau aus Lehm,

Nächste Seite. Oben: Parkanlage in Buenos Aires zur Zeit der Jakarandablüte. Einer der Lebensräume des Hornero. *Unten:* Feuchte Pampa in der Provinz Buenos Aires. – *Übernächste Seite. Oben:* Hornero vor seinem Lehmnest. *Unten links:* Binsenknarrer bei seinem Nest, das nach Rohrsängerart an Binsenhalmen befestigt ist. Der Vogel gehört zu den Töpfervögeln, seine Ähnlichkeit mit Rohrsängern ist auf Konvergenz zurückzuführen. *Unten rechts:* Benteveo. Dieser Tyrann vertritt ökologisch die Rolle eines Würgers.

Erde, Kuhdung und Halmen mit einem seitlichen Eingang. In der Form erinnert es stark an einen Backofen, wie er in Argentinien auch heute noch auf dem Lande verwendet wird. Das Wort *„Hornero"* leitet sich von „Horno" ab. Horno ist ein spanisches Wort, das Backofen bedeutet. Wenn man das Nest sieht, versteht man diesen treffenden Vergleich. Ebenso ist das deutsche Wort *Töpfervogel* zu verstehen, da das Nest Ähnlichkeit mit einem kugelförmigen Krug hat.

Wie bereits erwähnt, ist der Töpfervogel im nördlichen und mittleren Argentinien weit verbreitet, besonders häufig in der *Pampa.* Dort sieht man seine Lehmnester vielfach auf Zaunpfosten oder Telefonmasten. Auch auf Ästen und Mauersimsen werden solche Nester gebaut. Selbst an Denkmälern und Brunnenfiguren in der Stadt Buenos Aires findet man sie. Da der Hornero so weit verbreitet ist und sich besonders an den Menschen angeschlossen hat, etwa wie bei uns die Rauchschwalbe, erfreut er sich bei der Bevölkerung, vor allem auf dem Lande, großer Beliebtheit. Das Nest des Hornero soll Glück bringen, und der Vogel wird deshalb gern geduldet. Außerdem ernährt sich der Töpfervogel von Insekten, weshalb man ihn zusätzlich noch als „nützlich" ansieht. Kurzum, er ist populär. Kein Wunder, daß er zum Nationalvogel Argentiniens erklärt wurde. Daher ist es gerechtfertigt, Argentinien als das *Land des Hornero* zu bezeichnen.

Der Gesang der Töpfervögel ist wenig melodisch. Die Vögel singen meist im Duett, das heißt ein Partner fängt an und der andere fällt ein. Dabei richten sich die Horneros hoch auf und breiten die Schwingen halb aus, die sie leicht hin und her bewegen. Der Gesang selbst ist ein anschwellendes, spechtartiges Lachen, das weit schallt. Im Frühling und Frühsommer ist dieses „Gelächter" der Horneros besonders häufig zu hören.

Das Nest wird vielfach im Winterhalbjahr gebaut und in der darauffolgenden Brutperiode in der Regel nur einmal benutzt. Für die nächste Brut wird dann ein neues Nest gebaut. Es kann vorkommen, daß Horneros mehrere Nester übereinander bauen, so daß ein regelrechtes „Wohnhaus" mit mehreren Stockwerken entsteht. Verlassene Nester des Töpfervogels dienen anderen Höhlenbrütern als Brutplätze. Im subtropisch/tropischen Nordwesten Argentiniens beginnt der Nestbau meist dann, wenn es einmal kräftig geregnet hat und der notwendige Schlamm entsteht. Da der Winter dort meist fast regenlos ist, fangen die Töpfervögel nicht selten erst mit dem ersten Frühlingsregen an zu bauen, um ihre Nester dann in wenigen Tagen fertigzustellen.

Wie bereits erwähnt, ist das Nest ein etwa menschenkopfgroßer Bau aus Schlamm, Dung und einigen Pflanzenstoffen. Es wiegt durchschnittlich vier bis fünf Kilogramm. Der seitliche, ovale Eingang kann entweder auf der linken oder auf der rechten Seite liegen. Die im Innern befindliche, mit Halmen gepolsterte Nestmulde ist nach außen durch eine Art Zwischenwand abgetrennt, die in der Mitte unterbrochen ist. Diese Vorrichtung mag bis zu einem gewissen Grade der Abwehr von möglichen Nestplünderern dienen, zumal der Eingang in einem Bogen nach innen führt. Fast immer wird das Nest an recht exponierten Stellen gebaut, so daß es Sonne und Regen ausgesetzt ist.

Die Baustoffe Lehm und Erde, vermischt mit Pflanzenteilen und Dung, haben zu einem gewissen Grade eine wärmeisolierende Wirkung, wodurch die Temperaturschwankungen im Innern des Nestes verringert werden. In dieser Nestkammer legt das Weibchen seine vier bis fünf reinweißen Eier auf eine dürftige, aus Halmen bestehende Nestunterlage. Wenn die Jungen flügge sind, ähneln sie bereits ihren Eltern, bei denen Männchen und Weibchen äußerlich nicht zu unterscheiden sind.

Die Töpfervögel sind eine Familie aus der Ordnung Sperlingsvögel. Man kennt von ihnen über 200 Arten, die von Mexiko bis Feuerland Lebensräume finden. Besonders

Oben links: Riesenralle. *Oben rechts:* Halsring-Wehrvogel (Chajá). Man beachte die Knochensporne am Flügelbug! *Unten:* Stelzenläufer in der Feuchten Pampa.

zahlreich sind diese *Furnariidae* in Südamerika. Aber durchaus nicht alle bauen solche auffälligen Lehmnester wie der Hornero. Es sind sogar nur fünf Arten, nämlich die der Gattung *Furnarius,* die Lehmnester bauen. Die anderen konstruieren Nester aus Reisern und Dornen oder graben Höhlungen in Böschungen, bzw. direkt in den Erdboden. Andere wiederum nisten in Spalten oder flechten Nester, die eine gewisse Ähnlichkeit mit denen unserer Rohrsänger haben. Äußerlich sind die Angehörigen dieser Familie recht unterschiedlich gestaltet. Die meisten sind allerdings überwiegend braun gefärbt. Körpergröße und Körperform variieren aber sehr. So gibt es solche, die lerchenartig wirken, andere erinnern an Rohrsänger, andere wiederum an Kleiber oder Baumläufer. Anatomische, morphologische und Verhaltensmerkmale weisen jedoch darauf hin, daß diese Vögel untereinander näher verwandt sind. Deshalb ist die Zusammenfassung dieser Arten in einer Familie durchaus gerechtfertigt.

Aber nicht nur in der Familie der Töpfervögel findet man Arten, die äußerlich eine mehr oder weniger große Ähnlichkeit mit Vogelarten der Alten Welt haben. Wer nach Südamerika kommt, wird dort sowohl im Tier- als auch im Pflanzenreich viele Formen antreffen, die an solche in Europa, Asien oder Afrika erinnern. Manche sind diesen sogar täuschend ähnlich. Eine Verwandtschaft zwischen diesen Formen besteht aber vielfach nicht.

Die Ähnlichkeit ist anders zu erklären: Diejenigen Formen überleben im Verlauf der Evolution die Auslese, die nach Bau, Stoffwechsel und Verhalten den Anforderungen ihrer arteigenen Umwelt gerecht werden.

Dieses Anpassen an eine arteigene Umwelt wird allgemein als Besetzen einer *„Ökologischen Nische“* bezeichnet. Letztere ist dabei nicht als Schlupfwinkel, sondern als arteigene Lebensweise oder arteigene Umwelt zu verstehen. Die Ökologische Nische kann auch in einer besonderen Ernährung oder Art des Nahrungserwerbs bestehen.

Wo Arten verschiedener Herkunft eingepaßt sind, entwickelten sich parallele *Konvergenzen.* Dieses Wort bedeutet „gleichsinnige Entwicklungen“ infolge ökologischer Anpassung. So wird eine Vogelart, die im Röhricht lebt, hier ihre Nahrung findet und ihr Nest baut, dem Typus der Rohrsänger ähnlich, manchmal sogar sehr ähnlich sein. Im Fall des südamerikanischen *Binsenknarrers* handelt es sich um eine Art, die zu den Töpfervögeln gehört, während Rohrsänger Singvögel sind. Trotzdem besteht eine große Ähnlichkeit mit letzteren, deren ökologische Nische in Südamerika frei ist. Man denke auch an das Beispiel Segler und Schwalben, die sich so ähnlich sind, aber verschiedenen Ordnungen angehören. Seeschwalben sind bekanntlich auch keine Schwalben, sondern Möwenvögel. Sie besetzen allerdings eine ganz andere Nische als Schwalben oder Segler, da sie ihre Beute nicht im Luftraum, sondern durch Stoßtauchen oder Ablesen von der Wasseroberfläche fangen. Dabei mußten sie zu vollendeten Flugkünstlern werden, was ihnen den Namen See„schwalben“ einbrachte.

Die Erscheinung der Konvergenz ist im Tier- und Pflanzenreich weit verbreitet und hat den Naturforschern, die sich mit der Eingliederung der Organismen in das natürliche System befassen, oft schon große Schwierigkeiten bereitet. Auch heute gibt es eine größere Zahl von Formen, deren verwandschaftliche Beziehung noch keineswegs endgültig geklärt sind. Es war kein anderer als Charles Darwin, der seinerzeit bei den Expeditionen in Südamerika feststellte, daß sich aus der Anpassung an bestimmte Lebensbedingungen neue Formen, bzw. Arten bilden konnten. Am deutlichsten erkannte er dies an den nach ihm benannten Darwinfinken von *Galapagos.*

Eine weitere Vogelfamilie, in der sich konvergent zu altweltlichen Arten ähnliche Formen entwickelt haben, ist die der *Tyrannen.* Dieser ausschließlich neuweltlichen

Oben: Südamerika-Spornkiebitz. *Unten:* Silberreiher und Brasilscharben. – *Nächste Seite. Oben:* Carancho verfolgt einen Silberreiher, um ihm seine Beute (Maus) abzujagen. – *Unten:* Jüngerer Caranchofalke. *Übernächste Seite:* Jüngerer Schneckenmilan, zu erkennen an dem gefleckten Gefieder.

Vogelfamilie gehören über 400 Arten an. Unter ihnen findet man viele, die Fliegenschnäppern ähneln, andere wiederum ersetzen ökologisch Laubsänger oder gar Würger, wie der drosselgroße *Benteveo*. Dieser hat sogar einen auffallend schwarzen Streif durchs Auge und einen kräftigen Schnabel, so daß er auch dadurch an einen Würger erinnert. Seinen Namen hat dieser Vogel, der wissenschaftlich *Pitangus sulphuratus* heißt, von seinem lauten, durchdringenden Ruf. Im Volksmund wird dieser mit „Bicho feo, bién te veo!" übersetzt. Das bedeutet „Häßliches Biest, ich seh' dich wohl!" Aus diesem „Bién te veo", wurde dann *„Benteveo"*. Neben dem Ruf, der ihm seinen Namen gab, ist noch ein nasales, gedehntes Quäken sehr auffällig.

Der relativ kurzschwänzige Benteveo setzt sich gern nach Würgerart auf exponierte Punkte, wie Baumspitzen, Kamine, Telefonmasten, Zaunpfähle usw. Von da aus beobachtet er seine Umgebung und läßt seine durchdringenden Rufe erschallen. Er ruft aber auch aus dichtem Laubwerk, in dem man den Krakehler oft lange suchen muß. Seine leuchtend schwefelgelbe Unterseite ist dort gar nicht so auffällig, wie man glauben könnte. Von Warten aus jagt er Insekten und kleine Wirbeltiere. So habe ich ihn mehrfach am Rande von Gewässern beim Fang kleiner Frösche beobachtet.

Der Benteveo ist in Argentinien weit verbreitet, im zentralen Teil sogar ausgesprochen häufig. Durch seine Rufe und seine Färbung fällt er fast noch mehr auf als der Hornero. Nach Süden geht er etwa bis in die Provinz Chubut.

Außerhalb der Brutzeit sind Benteveos häufig in kleinen Trupps anzutreffen, die sich durch ihre lärmenden Rufe besonders bemerkbar machen. Gern halten sie sich an Gewässern mit höheren Bäumen am Ufer auf. Im Gezweig der Bäume bauen die Vögel ihre relativ großen, recht unordentlich wirkenden Nester aus Pflanzenmaterial. Die Nestmulde ist stets überdacht; das heißt, der Eingang befindet sich in Form eines Schlupflochs an der Seite.

Der Benteveo ist einer der auffälligsten und größten Vertreter aus der Familie der *Tyrannen*. In dieser gibt es aber auch sehr viele unscheinbare und ausgesprochen winzige Arten, die wie Laubsänger oder gar Meisen durch das Gezweig schlüpfen. Wir werden auf die eine oder andere Art noch zu sprechen kommen. Zunächst wollen wir uns aber mit einer der charakteristischen Großlandschaften Argentiniens, mit der Pampa, beschäftigen.

Pampa ist ein indianisches Wort und bedeutet „baumlose Ebene". Völlig ohne Bäume und Büsche ist die Pampa jedoch nicht; es gibt dort immer wieder kleine Baum- und Gebüschgruppen, die in vielen Fällen gepflanzt wurden. Am Rande von Sümpfen oder Gewässern existieren natürliche Bestände mit auwaldartigem Charakter. Ein typischer Baum der Pampa ist der *Ombú* mit seinem merkwürdig gegliederten Stamm.

Wer die Weite der Pampa kennengelernt hat, der wird die durch Zersiedelung im mitteleuropäischen Raum entstandene Enge als fast unerträgliche Beschränkung der Freiheit empfinden. Diese Sehnsucht nach den menschenleeren Grassteppen Argentiniens kann man bei der Lektüre des Buches von W. H. Hudson „Very far and long ago" spüren, das der Angloargentinier in seiner Wahlheimat England verfaßte. Auch mich hat die Weite der Pampa sehr beeindruckt. Denen, die mich begleitet haben, ist es ähnlich ergangen. Dazu kommt natürlich auch das reiche Vogelleben in den Feuchtgebieten. Hudson war ebenfalls von Kind an der Vogelwelt zugeneigt, die ihn direkt vor seiner Haustür umflatterte. Kein Wunder, daß er sich ihrem Studium widmete und zwei Bände über „Birds of La Plata" verfaßte. Darin beschrieb er allerdings nur eine Auswahl von Vogelarten, die im Großraum Buenos Aires vorkommen. Man kennt heute viel mehr, wie beispielsweise dem Buch von C. C. Olrog „Aves Argentinas" zu entnehmen ist. Allerdings weiß man über

Oben: Nationalpark „El Rey". *Unten:* Rinderherde im Nationalpark. Rinder zerstören den Unterwuchs der Wälder. Deshalb wurden sie jetzt aus dem Park verbannt.

die Biologie mancher Arten heutzutage auch noch nicht viel mehr, als Hudson seinerzeit publizierte.

Besuche in der feuchten Pampa sind für Ornithologen besonders reizvoll im November, wenn Zugvögel aus Nordamerika hier rasten und das Brutgeschäft der hiesigen Vögel in vollem Gange ist. Besonders eindrucksvoll sind an großen Gewässern, z. B. am Rio de la Plata, die Jagdgeschwader der *Scherenschnäbel.* Diese, den Seeschwalben verwandten Vögel haben verlängerte Unterschnäbel, mit denen sie das Oberflächenwasser nach Fischen durchkämmen – ein Fall von Anpassung an eine bestimmte, arteigene Ernährungsweise.

Die Pampa in der Provinz Buenos Aires sowie in Nachbargebieten ist überwiegend weites Grasland mit flachen Tümpeln, Seen und anderen Feuchtgebieten. Sie wird deshalb als *Feuchte Pampa* bezeichnet. Andere Ebenen, z. B. in Patagonien oder im Hochgebirge, nennt man dagegen *Trockene Pampa.* Diese ist dann halbwüsten- bis wüstenartig.

Die Feuchte Pampa ist nicht nur Lebensraum riesiger Rinderherden; sie zählt auch zu den vogelreichsten Gebieten Argentiniens. Ich möchte aus der großen Zahl der hier lebenden Vogelarten einige besonders auffallende herausgreifen: Zunächst wäre hier der *Südamerika-Spornkiebitz* zu nennen, der in fast allen Gras- und Sumpflandschaften Südamerikas vorkommt. Dieser Spornkiebitz hat am vorderen Flügelbug Knochensporne, die als rötlichweiße Dornen nur aus der Nähe zu sehen sind. Bei Auseinandersetzungen mit Artgenossen dienen sie als Waffe.

Der Südamerika-Spornkiebitz erinnert in seinem Verhalten sehr an unseren Kiebitz. Es ist daher m. E. gerechtfertigt, ihn in die gleiche Gattung einzuordnen. Seine Rufe sind jedoch rauher und kreischender. Nach diesen wird er in Argentinien *Tero* genannt. Da er sehr aufmerksam ist und beim Nahen einer Gefahr mit kreischenden „Tero"-Rufen auffliegt, hält man gebietsweise auf Farmen zahme Spornkiebitze, die wie Hunde das Nahen eines Fremden sofort anzeigen.

Der im Sumpfgelände, vor allem an Seen und Teichen vorkommende *Stelzenläufer* gehört der gleichen Art an wie der in Europa lebende, stellt aber eine besondere geographische Rasse dar, die sich in der Färbung unterscheidet.

Auf Gewässern mit Verlandungszonen kann man zwei Schwanenarten beobachten: den *Koskorobaschwan* und den *Schwarzhalsschwan.* Beide Arten werden auch hier und dort bei uns als Ziergeflügel auf Parkteichen gehalten. Der Koskorobaschwan erinnert aus der Ferne an eine weiße Hausgans mit rotem Schnabel. Fliegt er jedoch auf, so erkennt man, daß er schwarze Flügelspitzen hat. Der Schwarzhalsschwan ist durch seinen schwarzen Hals und das sonst weiße Gefieder leicht zu erkennen. Beide Arten brüten in den Verlandungsbeständen größerer Feuchtgebiete in der Pampa.

In ähnlichen Lebensräumen kommt die *Riesenralle* vor, die in Argentinien wegen ihrer Rufe *Carau* genannt wird. Sie ist hochbeinig und erinnert durch den langen, abwärts gebogenen Schnabel an einen Ibis. Die Nahrung der Riesenralle besteht vor allem aus großen Schnecken, die sie geschickt aus dem Gehäuse zieht.

Die Riesenralle ist weitgehend auf diese Nahrung spezialisiert und kommt vor allem dort vor, wo es Apfelschnecken gibt. Daneben erbeutet sie auch andere Kleintiere im Sumpfgelände. Dadurch, sowie durch die Eigenart, vor allem in dichterer Vegetation nach Nahrung zu suchen, wird die Konkurrenz mit dem auf Apfelschnecken spezialisierten Schneckenmilan gemildert.

Wenn wir in Mitteleuropa eine Weidelandschaft besuchen, so sehen wir vor allem im Frühsommer Starenschwärme, die das Weidevieh begleiten. In der Pampa werden die Rinderherden von auf den ersten Blick ähnlichen Vögeln begleitet, den *Seiden-Kuhstärlin-*

„Gauchos" nennt man die südamerikanischen Rinderhirten. Dieser hat für die „Evakuierung" der Rinder aus dem Nationalpark zu sorgen – *Nächste Seite. Oben links:* Schreibussard auf seiner Warte am Wegesrand. *Oben rechts:* Das Rostbraun in den Handschwingen ist typisch für den Schreibussard. *Unten:* Der Chaco-Zwergfalke macht vor allem Jagd auf Kleinvögel. – *Übernächste Seite:* Elegant wie eine Ballerina: die Seriema.

gen. Die Männchen sind schwärzlich mit einem seidig-blauen Glanz. Die Weibchen dagegen sind unscheinbar graubraun gefärbt. Diese Stärlinge spielen ökologisch etwa die Rolle von Staren. Sie sind aber nicht mit diesen verwandt, sondern stellen lediglich eine konvergente Entwicklung zu diesen dar. Dasselbe gilt auch für andere Stärlingsarten, die man in der Pampa antreffen kann und die alle zur Familie der Icteridae gehören. Ihr Vorkommen ist ausschließlich auf die Neue Welt beschränkt. Im Gegensatz zu unseren Staren sind die Icteriden keine Höhlenbrüter.

Die vielen Ökologischen Nischen, die in der Alten Welt von mehreren Starenarten besetzt werden, wären in Südamerika *„freie Planstellen"*, würden sie nicht von den Vertretern der artenreichen Familie der Stärlinge besetzt, von denen manche äußerlich Staren ähneln.

Im Grasland der Pampa sieht man vor allem in den feuchten Zonen Störche, die sehr an unseren Weißstorch erinnern. Es sind die nur in Südamerika beheimateten *Maguaristörche,* die nach den Untersuchungen von M. P. Kahl und E. Schüz zur gleichen Gattung *Ciconia* gestellt werden wie unser Weißstorch. Im Gegensatz zu diesem brüten jedoch die Maguaristörche meist auf dem Boden, und ihre Jungen sind schwärzlich bedunt.

Ebenfalls im sumpfigen Gelände leben Vögel, die knapp truthahngroß sind, mit grauem Gefieder und einem weißen, schwarzbegrenzten Halsring. Es sind Wehrvögel, die in Argentinien *Chajás* genannt werden. Diese *Halsring-Wehrvögel* (so genannt wegen der großen Knochensporne am Flügelbug) gehören zur Verwandtschaft der Gänseartigen, erinnern jedoch in ihrem Äußeren wesentlich mehr an Hühner. Im Gegensatz zu ihren Verwandten, den Gänsen, haben sie keine Schwimmhäute zwischen den langen Zehen.

Von Greifvögeln sind drei Arten besonders auffällig: *Chimangofalke, Carancho* und *Schneckenmilan.* Die beiden erstgenannten Arten gehören zu den sogenannten Geierfalken, die sich überwiegend von Aas ernähren. Daneben erbeuten sie natürlich auch Insekten und kleine Wirbeltiere. Caranchos attackieren auch hin und wieder Reiher, um diesen eine eben gefangene Beute, z. B. eine Maus, abzujagen. Chimangos treten häufig in Trupps auf, während man die Caranchos in der Regel nur einzeln oder paarweise sieht.

Der Schneckenmilan ist ein Nahrungsspezialist. Er kann nur dort existieren, wo die großen *Apfelschnecken* vorkommen. In seinem Lebensraum findet man deshalb meist auch die Riesenralle. Der Vogel schwebt im niedrigen Suchflug über das Gelände dahin, um plötzlich hinabzugleiten und eine große Apfelschnecke mit den Fängen zu greifen. Mit dieser fliegt er dann zu einer Warte, meist einem Zaunpfahl oder etwas ähnlichem.

Betrachten wir den Schnabel des Schneckenmilans, so sehen wir, daß die Spitze des Oberschnabels stark verlängert und gekrümmt ist. Er hat hiermit ein hervorragendes Werkzeug, die Apfelschnecke zu öffnen. Diese Apfelschnecke der Gattung *Ampullaria* besitzt nämlich am Gehäuseeingang einen Deckel, mit dem sie ihr Haus verschließen kann. Der Schneckenmilan hebt diesen Deckel mit der Spitze des Schnabels an, zieht ihn beiseite und reißt ihn schließlich ab. Dann greift er mit der Schnabelspitze hinein, bohrt diesen in das weiche Schneckenfleisch und zieht das Ganze aus dem Gehäuse heraus. Dann verschlingt er den Körper der Schnecke. Unter der Warte liegen oft große Mengen an Schneckengehäusen.

Werden Feuchtgebiete trockengelegt oder mit Giften verseucht, so verschwinden die Apfelschnecken. Diesem hochspezialisierten Greifvogel wird damit die Nahrungsgrundlage entzogen. Er verschwindet. In den südlichen USA ist dies bereits gebietsweise der Fall. Dieses Beispiel soll zeigen, wie wichtig es ist, natürliche Lebensräume zu erhalten und sie vor der Verseuchung mit Giften zu bewahren. Wenn man Artenschutz betreiben will, so

Im Vorfrühling blüht der Lapacho als erster Baum des Chacowaldes.

kommt es weniger auf das Individuum an, sondern es gilt, Populationen zu erhalten, was in erster Linie durch den Schutz von Lebensraum, Lebensgemeinschaften und Ernährungsgrundlagen geschehen muß.

Groß ist die Zahl der Schwalbenarten in Südamerika. Da viele in Baumhöhlen und anderen Löchern brüten, können sie dort auch Wälder bewohnen und somit freie Ökologische Nischen besetzen, bzw. diese evtl. mit einigen Seglerarten teilen.

Neben der häufigen *Blaurückenschwalbe,* die man vor allem in Städten sieht, sind zwei weitere Schwalbenarten erwähnenswert; die *Dunkle Hausschwalbe* und die *Weißbürzelschwalbe.* Erstere ist relativ groß und einfarbig schwärzlich mit violettblauem Glanz. Die andere ist durch weißen Bürzel und weiße Stirnbinde gekennzeichnet. Beide Arten brüten in Höhlen, vor allem in von Spechten gezimmerten.

Ein besonders hübscher Kleinvogel der Pampa sowie anderer Regionen im Norden Argentiniens ist der *Rubintyrann.* Er hat etwa die Größe eines Fliegenschnäppers, und das Männchen ist an Kopf und Unterseite leuchtend rubinrot gefärbt. Dieser kleine Vogel setzt sich mit Vorliebe auf exponierte Warten und macht von da aus Jagd auf vorüberfliegende Insekten, so wie es unsere Fliegenschnäpper tun. Solche, die Ökologische Nische von Fliegenschnäppern ausfüllenden Tyrannen werden daher im englischen Sprachbereich als „Flycatchers" bezeichnet, obwohl sie mit diesen in keiner Weise verwandt sind. Wieder ein Fall von Konvergenz.

Auf Zaunpfählen in der Pampa sieht man gebietsweise kleinere, an unseren Steinkauz erinnernde Eulen sitzen: *Kanincheneulen.* Sie sind nun mit diesen tatsächlich verwandt. Im Gegensatz zu ihnen brüten Kanincheneulen in von Säugetieren gegrabenen Höhlen; daher ihr Name. Junge Eulen lassen bei Störungen rasselnde Laute hören, die an die von Klapperschlangen erinnern. Feinde werden dadurch offensichtlich vertrieben. Ein Fall von „akustischer Mimikry"?

Mimikry ist im Tierreich weit verbreitet. Das Wort leitet sich von „Mime", eine Bezeichnung für einen Schauspieler, ab. Mimikry ist also Schauspielerei in einem Gewand, das mögliche Angreifer warnen soll. Das Phänomen der Mimikry wurde von dem englischen Naturforscher H. W. Bates um die Mitte des 19. Jahrhunderts entdeckt, als dieser im Amazonasgebiet feststellte, daß harmlose Schmetterlinge giftige oder übelschmeckende in Form, Färbung und Flugweise imitierten. Er deutete diese Erscheinung als Anpassung, die eine höhere Überlebenschance bietet. Wir werden auf dieses Phänomen bei der Behandlung der Korallenschlangen noch ausführlicher zu sprechen kommen.

Mimikry hat mit Tarnung durch Imitation eines Blatts o. ä. nichts zu tun, sondern stellt eine Warntracht dar. Tarnung im Tierreich bezeichnet man als *Mimese.*

Wir wollen uns jetzt ein anderes Gebiet im Lande des Hornero vor Augen führen, das im Nordwesten am Rande des Gran Chaco liegt. Dort befindet sich, im Südosten der Provinz Salta, der *Nationalpark „El Rey".* Die Vegetation entspricht der des Gran Chaco, der sich östlich anschließt.

Als *Gran Chaco* bezeichnet man eine Savannenlandschaft mit Dornbüschen und Trockenwaldbeständen, die sich über Teile Argentiniens, Boliviens und Paraguays erstreckt.

Der Park wird auf drei Seiten von einer Gebirgskette umschlossen, an deren Hängen dichte Bergurwälder mit reicher Epiphytenflora stehen. Wie im gesamten subtropisch/tropischen Nordwesten Argentiniens gibt es hier eine ausgesprochene Trockenzeit im Südwinter, d. h. etwa zwischen Mai und Oktober, und eine feuchte Jahreszeit mit zum Teil sintflutartigen Regenfällen, vor allem von Dezember bis März. In der Regenzeit ist der

Oben links: Der Schneeflockentyrann jagt nach Schnäpperart Insekten. *Oben rechts:* Mit ständigen „zit"-Rufen von Zweigspitzen markieren die Weißbauch-Kolibris ihre Reviere. *Unten links:* Ein häufiger Kleinvogel Südamerikas ist der Chingolo, eine Singammerart. *Unten rechts:* Der Hauszaunkönig ist mit der europäischen Art nahe verwandt.

Nationalpark oft tage- oder wochenlang mit normalen Verkehrsmitteln nicht erreichbar, da der einzige Zufahrtsweg streckenweise überschwemmt ist. An Straßenrändern sieht man häufig mittelgroße Greifvögel auf Pfosten oder Leitungen sitzen. Es sind *Schreibussarde,* die in der englischsprachigen Literatur als *Roadside Hawks* bezeichnet werden. Die Vögel haben wenig Ähnlichkeit mit typischen Bussarden und erscheinen mir Habichten ähnlicher. Wegen ihrer häufig geäußerten Rufe nenne ich die Art Schreibussard. Im Flug fällt auf, daß die Handschwingen rötlichbraun gefärbt sind. Ein gutes Erkennungsmerkmal. Der Schreibussard jagt vor allem kleine Vögel und Kleinsäuger.

Es gibt Straßenabschnitte in Nordwestargentinien, wo pro Kilometer zwei, drei oder mehr Schreibussarde gezählt werden können. Für diese Vögel ist eine Straße gleichbedeutend mit einer Schneise. Hier können sie querende Mäuse oder kleine Echsen leicht entdecken und erbeuten. Sie haben sich also an einen zivilisatorischen Eingriff in die Landschaft im Hinblick auf ihre Ernährung gut angepaßt. Eine ähnliche Erscheinung kann man gebietsweise in Mitteleuropa beobachten, wo Mäusebussarde auf Warten an Straßen und Autobahnen sitzen. Diese erbeuten jedoch weniger die querenden Mäuse, als vom Straßenverkehr getötete Hasen, Katzen, Fasanen usw., die an den Rand geschleudert wurden. Allerdings kommt bei dieser Art der Nahrungsbeschaffung mancher Bussard selbst im Straßenverkehr um.

Ehe „El Rey" zum Nationalpark erklärt wurde, in dem Jagd und jegliche Eingriffe in die Natur untersagt sind, gehörte das ganze Gebiet zu einer Estancia, d. h. einer Farm, in der vor allem Rinderzucht betrieben wurde. Nach der Erklärung zum Nationalpark mußte alles Weidevieh verschwinden, da die Rinderherden bis in die Bergwälder zogen und deren Charakter stark beeinflußten. Heute leben nur noch einige Bedienstete der Parkverwaltung sowie wenige Gauchos mit ihren Familien an einer Stelle des Parks, wo sich auch eine kleine, einfache Touristenunterkunft befindet. Der Tourismus spielt hier jedoch glücklicherweise noch keine entscheidende Rolle. Somit wird die Ruhe in dieser einzigartigen Landschaft kaum gestört. Wie dies allerdings sein wird, wenn einmal befestigte Straßen zum Park führen, bleibt abzuwarten.

Bei einem Besuch im August, d. h. in der Trockenzeit, konnten wir den zierlichen *Chaco-Zwergfalken* sehr schön beobachten. Er wurde von den zahlreichen Kleinvögeln angezogen, die sich an einer von der Wirtsfrau unterhaltenen Futterstelle tummelten. Dieser kleine Falke hat etwa die Größe einer starken Drossel und ähnelt äußerlich mehr einem Sperber als einem Falken. Seine Iris ist gelb gefärbt. Der Vogel machte hier Jagd vor allem auf die häufigen *Chingolos,* eine Singammerart, die in Südamerika weit verbreitet ist und deren Gesang in den Morgen- und Abendstunden – neben dem Gesang des *Hauszaunkönigs* – zu den typischen Vogelstimmen in der Umgebung des Rasthauses gehört. An Kleinvögeln sind dort noch häufig zu beobachten: *Goldschnabel-Saltator* und *Rotbauchdrossel.* In der halboffenen Trockenbuschlandschaft des Parks lebt unter anderem eine Vogelart, deren verwandtschaftliche Beziehungen innerhalb der Klasse Vögel noch sehr umstritten ist: die *Seriema.* Der hochbeinige Vogel wird häufig auch als *Schlangenstorch* bezeichnet, weil er mit Vorliebe Schlangen und andere Reptilien verzehrt. Betrachtet man den Vogel in seinem Lebensraum, so erinnert er sowohl an eine Trappe als auch an den afrikanischen Sekretär, der zu den Greifvögeln gehört. Vieles spricht jedoch dafür, daß die Seriema mit dem Sekretär nicht näher verwandt ist, sondern lediglich eine konvergente Erscheinung zu diesem Afrikaner darstellt. Wohin die Seriema und die dort ebenfalls vorkommende kleinere *Burmeister-Seriema,* als einzige Vertreter dieser nur in Südamerika anzutreffenden Vogelfamilien, tatsächlich hingehören, bleibt weiteren Untersuchungen vorbehalten.

Der temporär feuchte Chacowald weist eine üppige Epiphytenflora auf, die vor allem aus Bromeliaceen und Peitschenkakteen besteht. – *Nächste Seite. Oben:* Weit verbreitet ist die Rotbauchdrossel. *Unten links:* Ein Schwarm Tucuman-Amazonen. Ihr Bestand ist gefährdet. *Unten rechts:* Der Molinasittich ist eine häufig auftretende Papageienart im argentinischen Chaco. *Übernächste Seite. Oben:* „Waldtruthuhn" nennen die Argentinier diesen Hokko. *Unten:* Der Grauhalshokko bewohnt Buschwälder.

Im gleichen Gebiet lebt ein kleiner, weißbäuchiger Kolibri *(Amazilia chionogaster).* Die Männchen fallen im Frühjahr besonders dadurch auf, daß sie sich auf die Spitzen von Büschen oder dürren Zweigen setzen, um mit ständig wiederholten Lautfolgen aus „zit"-Rufen das von ihnen besetzte Revier anzuzeigen.

Ein auffallender, fast ganz weißer Vogel ist der *Schneeflocken-Tyrann.* Wie ein Fliegenschnäpper setzt er sich gern auf exponierte Warten, um von da aus Jagd auf Insekten zu machen. Er brütet gern in verlassenen Nestern des Hornero. Dort, wo der Busch etwas dichter wird oder in den Wald übergeht, leben zwei Arten von Baumhühnern, die man als *Hokkos* oder *Guans* bezeichnet. Es handelt sich hier um eine kleinere und eine größere Art. Letztere wird von den Argentiniern als *Waldtruthuhn* (Pava de monte) bezeichnet. Diese Pava hat fast die Größe eines wilden Truthuhns, ist aber kurzbeiniger. Die andere Art, der *Grauhals-Hokko,* wird als „Charata" bezeichnet. Diesen Namen verdankt der Vogel seinem rätschenden Gekreisch, das er vor allem in der Morgendämmerung im Chor erschallen läßt. Beide Arten halten sich sehr viel im Gezweig von Bäumen und Büschen auf und nisten mit Vorliebe im üppigen Epiphytenbewuchs. Sie sind recht sozial und ziehen meist in Familienverbänden umher, wobei sie durch lautes Geschrei auffallen. Am frühen Morgen ist besonders beeindruckend, wenn ein Verband zu rufen anfängt, bis ein anderer antwortet oder mehrere in das Geschrei einfallen.

Besonders beeindruckend sind auch Papageien, die am Morgen und Abend oft in riesigen Schwärmen von, bzw. zu den Bergwäldern fliegen. Von diesen seien besonders die *Blaustirn-* und die *Tucuman-Amazone* genannt. Letztere zählt zu den im Bestand bedrohten Amazonenpapageien, weil sie nur lokal vorkommt. Der Fang für den Tierhandel wirkt sich dabei besonders nachteilig aus. Die Blaustirnamazone dagegen ist häufig, und wir konnten schon Schwärme von mehreren hundert Exemplaren beobachten. An kleineren Papageien fallen besonders der *Molinasittich* sowie *Blaukopf-* und *Rotnackensittich* auf. Dort, wo umgestürzte Bäume liegen, aber auch in hohlen Stämmen sowie in und in der Nähe von menschlichen Behausungen leben große *Vogelspinnen.* Irrtümlich werden diese oft als „Taranteln" bezeichnet. Letztere gehören aber zu den Wolfsspinnen, die mit Vogelspinnen nicht näher verwandt sind. Ausgewachsene Vogelspinnen erreichen die Größe einer Männerhand. Für den Menschen sind sie meist ungefährlich. Sie erbeuten Insekten und kleine Wirbeltiere bis etwa Mausgröße. Als nachtaktive Tiere streifen sie wie unsere Wolfsspinnen in der Dunkelheit umher; Fangnetze spinnen sie nicht.

Im Wald sowie im dichteren Busch lebt der *Spießhirsch,* ein kleiner Hirsch, der etwa die Größe eines Rehs hat. Er ist Beutetier für den hier ebenfalls vorkommenden *Puma,* der für Menschen jedoch ungefährlich ist. Hin und wieder soll in den Bergwäldern des Nationalparks der *Jaguar* beobachtet werden. Wir sahen mehrfach eine überwiegend einfarbig braune Wildkatzenart mit sehr langem Schwanz, das *Jaguarundi.*

Im Nationalpark befindet sich ein kleiner, künstlich angelegter See mit einer reichhaltigen Vogelwelt. Besonders auffallend sind dort der *Rolland-* und der *Bindenschnabeltaucher,* die zu den Kormoranen gehörenden *Brasilscharben* sowie *Amazonasenten, Blatthühnchen* und *Bläßhühner.* Auch den *Silberreiher* und den *Cocoi-Reiher,* der unserem Graureiher ähnelt, kann man hier beobachten.

Das an dieser Lagune lebende, überwiegend rötlichbraun gefärbte *Blatthühnchen* hat gelbe Handschwingen, die nur dann zu sehen sind, wenn der Vogel mit kreischenden Rufen auffliegt. Dieses Merkmal ist auch für jüngere, noch nicht ausgefärbte Vögel typisch, die sonst nur an ihrer bräunlich-weißen Unterseite zu erkennen sind. Alle haben jedoch lange Beine mit ungeheuer langen Zehen, wodurch die Vögel mühelos auf den schwimmenden

Oben: Vogelspinnen kommen in ländlichen Gebieten auch in Häuser. *Unten:* Weibliche Amazonasente am Rande der Lagune im Nationalpark „El Rey". – *Nächste Seite. Oben:* Armillata-Bläßhuhn. *Unten links:* Gelbstirnbläßhuhn. *Unten rechts:* Teichhuhn. – *Übernächste Seite. Oben:* Rolland-Taucher. *Unten:* Bindenschnabel-Taucher.

Pflanzenteppichen umherlaufen können, ohne einzusinken. Diese Anpassung hilft dem Vogel, eine besondere Ökologische Nische zu besetzen.

Hier, aber auch an anderen fischreichen Gewässern leben vor allem zwei Eisvogelarten: der taubengroße *Südamerika-Rieseneisvogel* (Rotbrustfischer) und der sperlingsgroße *Grünfischer* oder *Amerika-Eisvogel,* der sehr weit verbreitet ist. Besonders interessant sind die *Bläßhühner.* Während wir in Mitteleuropa nur eine einzige Bläßhuhnart *(Fulica atra)* haben, gibt es in Südamerika sieben. Von diesen kommen beispielsweise 3 Arten auf dem kleinen See im Nationalpark „El Rey“ vor. Dieses Nebeneinander ist nur deshalb möglich, weil jede Art eine bestimmte Ökologische Nische besetzt. So lebt z. B. das *Rotstirnbläßhuhn* in der Schilfzone eines Gewässers, das *Gelbstirnbläßhuhn* bewohnt die Uferzone mit niedriger Vegetation, und das *Armillatabläßhuhn* bevorzugt die offene Wasserfläche.

Von diesen drei Arten haben zwei ein gelbes Stirnschild. Beim Gelbstirnbläßhuhn ist dazu noch der gesamte Schnabel gelb gefärbt. Das Armillatabläßhuhn dagegen hat am Schnabelansatz eine rotbraune Binde. Der Schnabel selbst weist hin und wieder ebenfalls verwaschene rötliche Zeichnungen auf. Das Rotstirnbläßhuhn ist von diesen beiden Arten leicht an dem orangeroten Stirnschild zu unterscheiden.

Alle drei Arten sind gute Schwimmer. Wie unser Bläßhuhn besitzen sie aber keine Schwimmhäute zwischen den Zehen, wie sie etwa Enten haben. Die langen Zehen tragen lediglich lappenartige Hautsäume an beiden Seiten, mit denen die beim Schwimmen notwendige Wasserverdrängung erreicht wird.

Alle Bläßhühner sind vorwiegend Vegetarier. Sie ernähren sich in erster Linie von Wasserpflanzen. Es ist daher ein Unsinn, sie als Fischereischädlinge zu betrachten. Der Massenmord an Bläßhühnern auf dem Bodensee, die „Internationale Wasserjagd“, auch „Belchenschlacht“ genannt, der zusätzlich viele andere Wasservögel zum Opfer fallen, ist in Mitteleuropa als Kulturschande zu betrachten und aufs schärfste zu verurteilen! Der Deutsche Bund für Vogelschutz setzt sich seit Jahren für die Abschaffung dieser nicht mehr zeitgemäßen Jagd ein. Die Bemühungen scheiterten bisher jedoch immer am Starrsinn der „Wasserjäger“, vor allem auf der Schweizer Seite, die sich auf alte, verbriefte Rechte berufen. Es ist jedoch ein gefährlicher Anachronismus, wenn man solchen Rechten angesichts der ständig wachsenden Bedrohung unserer Umwelt und ihrer Lebewesen den Vorrang gibt!

Noch vielfältiger als im Nordwesten Argentiniens ist die Tierwelt im Nordosten. Die Provinz *Misiones* war zu einem großen Teil von Wald bedeckt, der leider im zunehmenden Maße der Axt zum Opfer fällt. Obwohl diese Provinz noch in den Subtropen liegt, zeigt die Tierwelt bereits tropische Züge. Es war wohl vor allem die artenreiche Tier-, besonders Insektenwelt, die den deutschen Naturkundler Hans Foerster bewogen hat, sich vor vielen Jahren in der Siedlung *Dos de Mayo* niederzulassen und ein kleines Naturkundemuseum aufzubauen. Noch im Alter von 80 Jahren arbeitete er täglich an seinen Sammlungen und ging häufig ins Gelände. Er starb 1981. Sein Sohn Reinhard Foerster, mit dem ich seit Jahren befreundet bin, hat uns auf mehreren Exkursionen begleitet und uns bei manchem Vorhaben geholfen.

Auf seinem Anwesen hielt Hans Foerster auch einige Schlangen sowie unter anderem eine weibliche *Harpyie,* die ihm vor Jahren mit einer Flügelverletzung gebracht wurde. Die Harpyie ist der mächtigste Adler Südamerikas. Sie bewohnt die tropischen Urwälder und soll sporadisch noch im Norden Argentiniens vorkommen. Durch ihre Verfolgung und die Zerstörung der Urwälder Südamerikas, wo sie oft in über 50 Meter Höhe auf Urwaldriesen ihren Horst baut, zählt die Harpyie heute zu den bedrohtesten Greifvogelarten überhaupt.

Straße im Nationalpark „Iguazú“. Das Fällen der zu den Edelhölzern gehörenden Palo Rosa-Bäume ist hier verboten. – *Nächste Seite. Oben:* Die Korallenschlange *Micrurus frontalis* ist giftig. *Unten:* Schmetterlinge, vor allem Verwandte des Schwalbenschwanzes, sind im Nationalpark „Iguazú“ häufig. *Übernächste Seite. Oben:* Im September/Oktober ist die Hauptflugzeit dieser großen Nashornkäfer. *Unten:* Massen von Nashornkäfern am Bordstein unter einer Straßenlampe in Iguazú.

Hans Foerster wollte daher den von ihm betreuten Vogel, der für eine Freilassung nicht mehr in Frage kam, einem erfahrenen Züchter zur Verfügung stellen, damit der Nachwuchs wieder in Südamerika freigelassen werden kann. Die Harpyie ist ein Überrumpelungsjäger, der im schnellen Angriff aus der Deckung heraus seine Beute schlägt. Sie besteht meist aus kleineren Affen und wird mit einem kräftigen Griff der mächtigen Fänge getötet. Wegen ihrer versteckten Lebensweise und wegen ihrer unbändigen Kraft ist die Harpyie in der Vorstellung der Indios zu einem Geistervogel geworden. Sie wird darüber hinaus beschuldigt, unter anderem auch kleine Kinder zu rauben: ein Märchen, das man auch den europäischen Adlern hin und wieder andichtet. Trotz strenger Schutzbestimmungen werden Harpyien immer noch verfolgt und als Handelsware lebend oder tot außer Landes geschmuggelt. Auch aus abergläubischen Vorstellungen heraus wird Harpyien von den im Urwald lebenden Indios nachgestellt. Vor noch nicht allzu langer Zeit herrschte sogar dort die Sitte, einem Fremden, der mit einer Harpyienfeder das Dorf betrat, kostenlos Nahrung und Quartier zu bieten. Hatte dieser zwei Federn, hätten ihm – so berichtete man mir – sogar sämtliche Töchter des Dorfes zur Verfügung gestanden.

In den Waldgebieten von Misiones lebt eine sehr hübsch gezeichnete Schlange, die Korallenschlange *Micrurus frontalis.* Diese ist – wie andere Arten der Gattung *Micrurus* – hochgiftig. Da sie aber nur eine kleine Mundöffnung hat, kommen Unfälle durch Bisse relativ selten vor. Alle Arten sind recht klein – die hier genannte wird durchschnittlich ein Meter lang – und haben (wie der Gattungsname Micrurus = Kleinschwanz sagt) einen relativ kurzen Schwanz. Sein Ende wird aufgerichtet, wenn die Schlange in aggressiver Stimmung ist. Auch das ist ein allen Arten dieser Gattung gemeinsames Merkmal.

Die auffällige Zeichnung der Korallenschlange ist zweifellos eine Warnfärbung. Eine solche, dem Schutz der Art dienende Einrichtung soll mögliche Feinde warnen, sich mit dieser Schlange anzulegen. Der international bekannte Reptilienforscher Robert Mertens hat festgestellt, daß es Schlangenarten gibt, die den Korallenschlangen in der Zeichnung täuschend ähneln, aber ungiftig sind. Er hat diese Art von Mimikry untersucht und ist zu dem Schluß gekommen, daß die Nachahmung der Färbung einer tödlich giftigen Art wenig sinnvoll ist, weil der Gebissene kaum Gelegenheit hat, die gemachten schlechten Erfahrungen weiter zu vermitteln. Für die Imitation des Färbungs- und Zeichnungsmusters müssen daher ursprünglich nur schwach giftige Formen als Vorbilder gedient haben. Von solchen Arten gebissene Angreifer konnten die gemachten schlechten Erfahrungen sowohl für sich auswerten, als sie auch – soweit möglich – an Artgenossen weitergeben. Wohl erst später haben sich dann die hochgiftigen Formen entwickelt. Diese Form der Mimikry wird als *Mertenssche Mimikry* bezeichnet.

Das Phänomen der Mimikry ist weit verbreitet. Vor allem bei Insekten stößt man auf Erscheinungen, die an das Beispiel der Korallenschlange erinnern. So kennen wir beispielsweise in Mitteleuropa Käfer und Fliegen, die in Gestalt und Zeichnungsmuster an Wespen erinnern. Letztere sind wegen ihres Stachels häufig gefürchtet, und ihre Nachahmer genießen durch diese Wespenfurcht einen nicht unbedeutenden Schutz, der zur Erhaltung der Art notwendig ist. Es sei hier beispielsweise an Schwebfliegen und an den Wespenbock (Käfer) erinnert. Auch bei Schmetterlingen gibt es Arten, die giftige oder schlechtschmekkende imitieren, was zweifellos wesentlich zu ihrem Schutz vor Freßfeinden beiträgt. Natürlich sind diese Anpassungen nicht von heute auf morgen entstanden, sondern Ergebnis langer Entwicklungen. Auch die bei der Kanincheneule beschriebene *akustische Mimikry* gehört zu dem hier behandelten Themenkreis.

Die Provinz Misiones ist ungeheuer reich an Insekten. Besonders fällt der Reichtum an

Indiofamilie auf gerodetem Waldstück der Provinz Misiones.

Schmetterlingen auf. Diese konzentrieren sich häufig an Stellen, an denen Tiere oder Menschen Kot bzw. Urin abgesetzt haben. Dies ist dadurch zu erklären, daß das Erdreich in tropischen Waldgebieten meist arm an Mineralsalzen ist. Schmetterlinge setzen sich daher gern an solche Stellen oder auf schwitzende Menschen, um aus den genannten Ausscheidungen die lebensnotwendigen Mineralsalze aufzunehmen.

Beim Anblick der unzähligen bunten Flatterer muß man unwillkürlich daran denken, wie selten Schmetterlinge heute bei uns geworden sind. An dieser Tatsache sind aber nicht etwa die Schmetterlingssammler schuld, sondern die Ursache ist in der Kultivierung sogenannter Brachflächen sowie in der Anwendung von Pflanzen- und Insektenvertilgungsmitteln zu sehen. Die Anwendung solcher Biozide ist im Nationalpark *Iguazú* verboten. Auch sind Eingriffe in das Naturgefüge nicht erlaubt. Deshalb trifft man hier noch eine ungeheuer reichhaltige Fauna und Flora an. Auch in anderen Teilen der Provinz Misiones werden Biozide noch kaum oder nur unregelmäßig angewendet. Daher diese reiche, einen mitteleuropäischen Naturfreund geradezu überwältigende Arten- und Formenfülle an Insekten.

Wer zwischen September und November nach Misiones kommt, der wird, vor allem in der Umgebung des Nationalparks Iguazú, mit großer Wahrscheinlichkeit die Möglichkeit haben, den Massenflug einer großen Nashornkäferart zu erleben, der die Erscheinungen sogenannter „Maikäferjahre", die es bei uns in Mitteleuropa schon seit vielen Jahren nicht mehr gibt, bei weitem in den Schatten stellt! In den letzten Augusttagen 1979 sahen Rainer Ertel und ich Tausende und Abertausende von diesen großen Käfern am Abend unter Straßenlampen, die von anderen in Scharen brummend umschwirrt wurden. Am anderen Morgen waren manche Wege und Straßen mit überfahrenen Käfern geradezu gepflastert, deren noch verwertbare Reste von zahlreichen Vogelarten aufgesammelt wurden.

In jedem Jahr kommt ein hoher Prozentsatz dieser großen Käfer ums Leben und scheidet somit für die Fortpflanzung aus. Dasselbe gilt für Tausende von Schmetterlingen, die an den Kühlergrills von Autos ein vorzeitiges Ende finden. Trotzdem hat sich dies bis heute noch nicht auf die Bestände dieser Arten ausgewirkt, da immer noch genügend Exemplare übrigbleiben, um für einen ausreichenden Nachwuchs zu sorgen. Zu dem Zeitpunkt aber, an dem die Lebensmöglichkeiten für diese Insekten verschlechtert werden und deren Nahrung vergiftet wird, dürfte dieser Reichtum rasch ein Ende finden. Wir haben diese Entwicklung bei vielen Insektenarten in Mitteleuropa innerhalb weniger Jahre in drastischer Weise erleben müssen. Wer aus diesen Tatsachen folgerichtig Schlüsse zieht, muß eindeutig erkennen, wie wenig das Individuum für die Arterhaltung bedeutet, wenn der Lebensraum intakt ist. Wenn wir Arten wirksam schützen und die Erhaltung von Populationen anstreben wollen, so müssen wir rechtzeitig dafür sorgen, daß vor allem ihre Lebensgrundlagen erhalten bleiben! Im Hinblick auf Südamerika bedeutet dies in erster Linie: Schutz der tropischen Regenwälder vor zerstörerischen Eingriffen und weiterer Ausbeutung!

„Dieser Tag war ein Freudentag für mich. Unter der Menge auffallender Gegenstände trägt die ungemeine Üppigkeit der Vegetation den Sieg davon. Die Zierlichkeit der Gräser, die Neuheit der Schmarotzerpflanzen, die Schönheit der Blumen, das dunkle Grün des Laubwerks wirken alle hierbei mit. Eine höchst merkwürdige Mischung von Geräusch und Schweigen herrscht in den schattigen Teilen des Waldes." Darwin schrieb dies am 29. Februar 1832 in sein Reisetagebuch.

Heute, 150 Jahre später, stehen wir kurz vor der Vernichtung des empfindlichsten Ökosystems unserer Erde, nämlich des tropischen Regenwaldes. Die üppige Vegetation

Die Fälle des Iguazú-Flusses sind die großartigsten unserer Erde. – *Folgende Doppelseite:* Die Wasserfälle sorgen für eine gleichmäßig hohe Luftfeuchte. Auf einer Länge von fast drei Kilometern stürzen die durch Laterit rotgefärbten Wasser des Iguazú-Flusses über eine Basaltschwelle etwa 80 m in die Tiefe.

verführt zu dem Irrglauben, der Boden sei fruchtbar. In Wirklichkeit gibt es jedoch nur eine sehr dünne Humusdecke, unter der sich unfruchtbarer Lateritboden oder Quarzsand befindet.

Die Straße durch den Amazonasurwald, die *Transamazonica,* wird von den Ökologen als Anfang vom Ende angesehen. Dem Straßenbau werden zweifellos Rodungen und Siedlungen folgen. Die dünne Humusschicht wird abgeschwemmt, bzw. ist in kurzer Zeit verbraucht. Auch künstliche Düngemittel helfen da nichts mehr. Es folgen dann neue Rodungen, meist in Form des Abbrennens (Brandrodung). Dadurch werden unzählige Tier- und Pflanzenarten ausgerottet. Viele von ihnen wurden von der Wissenschaft bis heute noch nicht beschrieben. Wer weiß, ob sich unter den ausgerotteten Pflanzen des Regenwaldes nicht eine befunden hätte, aus der man unter Umständen ein Heilmittel gegen den Krebs hätte entwickeln können! Jedoch wenn die Uhr abgelaufen ist, dann ist es eben zu spät!

Mit der Zerstörung der letzten großräumigen Urwaldlandschaft unserer Erde, des Amazonasurwaldes, würde der bedeutendste Sauerstoffproduzent vernichtet; der Wasserhaushalt eines ganzen Kontinents geriete aus dem Gleichgewicht. Es ist Aufgabe von uns allen, diese ökologische Katastrophe zu verhindern. Eine von mehreren Möglichkeiten, dies zu erreichen, hieße, die ständig steigende Nachfrage nach Edelhölzern für Furniere u. ä. zu drosseln, was sich nur durch freiwilligen Verzicht auf diese in den wohlhabenden Nationen bewerkstelligen ließe.

Einen Höhepunkt für die Besucher in der Provinz Misiones bildet der Nationalpark von *Iguazú.* Dort, im brasilianisch-argentinischen Grenzbereich, befinden sich die großartigsten Wasserfälle unserer Erde.

Das indianische Wort *Iguazú* bedeutet „großes Wasser". Über eine Strecke von fast 3000 Meter stürzen die Wasser des Iguazúflusses mit ungeheurem Getöse über eine Basaltschwelle 80 Meter in die Tiefe. Dabei haben sich neben den beiden großen Fällen, der *„Garganta del Diablo"* und dem *„Salto San Martin",* über 200 kleine und kleinste Wasserfälle gebildet. Diese ungeheure Wasserkraft zu nutzen, wurde von den anliegenden Staaten erwogen. Die Planer sahen den Bau eines riesigen Kraftwerkes vor, das die Stromversorgung dieser Länder gewährleisten sollte. Glücklicherweise verwarf man diesen Plan wieder. So bleibt zu hoffen, daß die imposantesten Wasserfälle unserer Erde erhalten bleiben. Dafür entstand der riesige Stausee von Itaipú am Paraná (Brasilien). Der Bau solcher Stauseen verändert das Landschaftsbild und mit ihm ganze Ökosysteme. Noch ist es zu früh, um größere Auswirkungen zu erkennen.

Ein anderes Problem heißt: Energie aus Biomasse. So werden z. B. Waldflächen und Feuchtgebiete in Zuckerrohrplantagen umgewandelt, und das in erschreckendem Ausmaße. Aus Zuckerrohr und anderen Pflanzen wird Alkohol, vor allem Methanol, gewonnen. Alkohol spielt heute eine wichtige Rolle bei der Entwicklung von Treibstoffen. Gegen das Bestreben, vom Erdöl unabhängiger zu werden, ist gewiß nichts einzuwenden. Die deswegen verursachte Zerstörung von Naturlandschaften greift aber so gewaltig um sich, daß es allerhöchste Zeit ist, solche Maßnahmen zu begrenzen!

Der Bau von Kraftwerken zur Gewinnung von Kernenergie wird stark vorangetrieben. Nachdem in den USA und Europa die Entsorgungsfrage immer noch nicht zur allgemeinen Zufriedenheit geklärt ist und noch weitere ungelöste Probleme bestehen, darf man vor den sich daraus ergebenden Gefährdungsmomenten nicht die Augen verschließen! Gerade in Südamerika könnte dies zu einer Katastrophe unabsehbaren Ausmaßes führen.

Doch kehren wir nach diesen Erörterungen zur Vogelwelt zurück!

Die „Garganta del Diablo" (Teufelsschlund) ist der imposanteste aller Iguazú-Fälle. – *Nächste Seite, Oben:* Greisensegler leben in großen Schwärmen bei den Fällen. *Unten:* Hinter den Wasservorhängen sind Nist- und Rastplätze der Greisensegler. – *Übernächste Seite:* Kolonie von Rotbürzel-Kaziken mit ihren Beutelnestern.

Über den Fällen des Iguazú sieht man Schwärme von Seglern umherjagen. Es sind *Greisensegler.* Diese Vögel sind ein eindrucksvolles Beispiel für die Anpassungsfähigkeit von Tierarten an extreme Lebensbedingungen. Hinter den vom aufgeschwemmten Laterit rotbraun gefärbten Wasservorhängen der Fälle des Iguazú verbergen sich die Nistplätze der Greisensegler. Um zu ihren Nestern zu gelangen, stürzen sich die Segler nicht mitten in die Wasserfälle hinein, sondern sie durchstoßen die Wasservorhänge am Rand, wo es für sie nicht so gefährlich ist. Hinter den tosenden Wasservorhängen sind die Vögel vor Feinden geschützt.

Für die Einheimischen ist das Eintauchen der Segler in das Wasser ein Sinnbild des Todes und ihr Auftauchen die symbolische Wiedergeburt.

Die Vogelwelt des Nationalparks von Iguazú ist in ihrer Vielfalt geradezu einzigartig. Vor allem im Frühling, etwa von Ende August bis November, kann man in den Wäldern des Nationalparks den eintönigen Gesang zweier Trogonarten hören. Die *Trogone* gehören zu einer Vogelordnung, die in den Tropen und Subtropen der Alten und Neuen Welt verbreitet ist, besonders artenreich aber in Südamerika auftritt. Im Nationalpark von Iguazú leben zwei Arten: der rotbäuchige *Trogon surrucura* und der gelbbäuchige *Trogon rufus.* Beide Arten konnte ich durch Imitation ihres Gesanges aus dem dämmerigen Licht des Regenwaldes herauslocken. In der Annahme, ein Rivale dringe in ihre Reviere ein, kamen sie so nahe herbei, daß es gelang, sie auf den Film zu bannen. Nachdem sie den Schwindel erkannt hatten, kehrten die Vögel in den Wald zurück, um noch eine Zeitlang ihre monotonen Rufe aus weichen, etwas anschwellenden „gu“-Lauten hören zu lassen.

Rotbürzelkaziken sind amselgroße Vögel, die zur Familie der Stärlinge gehören. Sie sind überwiegend schwarz gefärbt, mit leicht bläulichem Glanz. Bürzel und Unterrücken leuchten scharlachrot, was besonders dann auffällt, wenn die Vögel auffliegen. Der Schnabel ist gelb und die Iris des Auges hellblau. Wie die Webervögel Afrikas, mit denen sie nicht verwandt sind (Konvergenz!), bauen sie beutelförmige Hängenester. Diese hängen dicht beieinander, da die Vögel in Kolonien brüten. Nicht selten „stiehlt“ ein Vogel dem Nachbarn Nistmaterial, um sein eigenes Nest auszubauen.

Wo es abgestorbene Bäume gibt, kommen auch Spechte vor. Besonders auffällig ist der *Grüne Goldspecht (Colaptes melanochloros),* der seine Bruthöhle in abgestorbenen Äste zimmert. Interessant sind Vertreter der *Faulvögel,* die in ihrer Gestalt an Eisvögel erinnern, aber nicht so bunt sind. Sie machen von Warten aus Jagd auf Insekten und kleinere Wirbeltiere. In Südamerika ersetzen sie ökologisch die in Baumsavannen auf Insekten und kleine Reptilien jagenden Eisvogelarten der Tropen Afrikas, Asiens und Australiens.

Von den Tyrannen, von denen schon mehrfach die Rede war, ist der *Scherenschwanztyrann* besonders auffällig. Er ist durch stark verlängerte äußere Schwanzfedern gekennzeichnet, so daß der etwas gespreizte Schwanz wie eine geöffnete Schere wirkt. Auch er gehört zu den die Ökologische Nische der Fliegenschnäpper besetzenden Tyrannen. Die Argentinier nennen ihn „Tijereta“, d. h. „Scherchen“.

In kleinen Trupps ziehen *Pirinchos* umher. Diese, auch *Guira-Kuckucke* genannt, gehören zu den Kuckucken, sind aber im Gegensatz zu unserem Kuckuck keine Brutparasiten. Man könnte den Pirincho als Erfinder der „Kommune“ bezeichnen, da sich hin und wieder mehrere Paare zusammenschließen, um gemeinsam in einem Nest zu brüten. Noch ausgeprägter als beim Pirincho ist das gemeinsame Brüten bei den *Anis.* Das sind schwarze Kuckucke mit einem seitlich zusammengedrückten, kräftigen Schnabel. Diese sowie Pirinchos kann man im Nationalpark von Iguazú regelmäßig beobachten. Ein Kuckuck, der ebenfalls nicht parasitiert, sondern seine Brut „normal“ aufzieht, ist der *Fuchskuckuck,* der

Oben: Rotbürzelkazike. *Unten links:* Roter Trogon (Männchen). *Unten rechts:* Gelber Trogon (Männchen). – *Nächste Seite. Oben:* Abendstimmung am Rio Iguazú. Wie lange noch ein Paradies? *Unten.* Südamerikanische Ornithologen und Naturschützer. Von links nach rechts: C. C. Olrog (Tucumán), G. Hoy (Salta) und H. Sick (Rio de Janeiro). Im Hintergrund Frau Olrog. – *Übernächste Seite.* Riesentukan.

wegen seiner miauenden Rufe in Argentinien auch *Alma de Gato* (Katzenseele) genannt wird.

Bei den verschiedenen Arten aus der Familie der Kuckucke kann man alle Übergänge vom „normalen“ Brüten bis zum vollendeten Brutparasitismus, wie ihn z. B. der europäische Kuckuck ausübt, feststellen. Das Legen von mehreren Weibchen in ein und dasselbe Nest ist als eine der Vorstufen zum Brutparasitismus zu betrachten.

Tukane sind typische Bewohner der Tropenwälder Südamerikas. Im Nationalpark von Iguazú kann man zwei Arten regelmäßig beobachten: den *Riesen-* oder *Großtukan* und den *Bunttukan.* Betrachten wir die mächtigen Schnäbel dieser Vögel, so entsteht der Eindruck, als müßten diese kopflastig sein. Das ist aber nicht so. Der Schnabel ist zwar sehr stabil, dabei aber sehr leicht. Entfernen wir bei einem toten Tukan den Hornteil des Schnabels und betrachten den knöchernen, so stellen wir fest, daß es sich um ein sehr lockeres Knochengewebe handelt. Tukane ernähren sich von Früchten; ihr mächtiger Schnabel wirkt dabei als Fruchtpresse. Darüber hinaus plündern diese Vögel aber auch hin und wieder die Nester einiger Kleinvogelarten, um deren Eier oder Junge zu verschlingen. Diese werden ebenso wie Nahrungsbrocken mehrfach in die Höhe geworfen, mit dem Schnabel wieder aufgefangen, geknetet und schließlich verschluckt.

Beim lebenden Großtukan verändert sich die Färbung des Schnabels im Laufe des Jahres. Zu Beginn der Brutzeit wird das Rot am Oberschnabel kräftiger, vor allem am oberen Rand des Oberschnabels, so daß es sich von einer anschließend gelben Zone deutlich abhebt. Außerhalb der Brutzeit ist der Schnabel, bis auf die schwarze Spitze, fast einfarbig orangerötlich. Diese Farbveränderung des Tukanschnabels hängt von der Tätigkeit der Keimdrüsen ab, sie wird also hormonal gesteuert.

In feuchteren Gebieten Nordargentiniens lebt die *Tigerdommel,* die verwandtschaftlich zu den Reihern gehört. Sie ist hauptsächlich in der Dämmerung aktiv. Man sieht sie deshalb am Tage relativ selten. An einem Morgen hatten wir das besondere Glück, ein Tigerdommel-Paar im Licht der aufgehenden Sonne bei der Balz beobachten zu können: Beide Partner saßen einander auf dürren Ästen eines abgestorbenen Baumes gegenüber und reckten den Schnabel in einer Art „Pfahlstellung“ hoch in die Luft. Dann begannen beide mit dem Hals schlängelnde Bewegungen auszuführen und auf den Ästen hin und her zu schreiten, wobei ein Partner den anderen ständig fixierte. Obwohl beide Vögel hin und wieder die Kehle blähten, war bei dieser eindrucksvollen Schaubalz kein Laut zu hören.

Ehe wir von den Naturschönheiten im „Lande des Hornero“ Abschied nehmen, um das Reich des Kondors in den Anden Nordwestargentiniens zu besuchen, möchte ich der Hoffnung Ausdruck verleihen, daß die Verantwortlichen rechtzeitig erkennen, welche Stunde es für die Natur Südamerikas geschlagen hat. Wie bereits gesagt, es ist später als fünf vor zwölf! Die Zerstörung natürlicher Lebensräume greift mit ständig wachsender Geschwindigkeit um sich, und die Umwelt verarmt. Charles Darwin erkannte seinerzeit, daß sich Arten in Anpassung an verschiedene Lebensbedingungen und mit Hilfe der Auslese (*Selektion)* zu einer überraschenden Vielfalt verzweigen können. Das sind sehr langsame Prozesse. Durch die vom Menschen auf unserer Erde innerhalb weniger Jahrzehnte verursachten Veränderungen in der Natur gelingt es den meisten Lebensformen aber nicht mehr, sich anzupassen, und es tritt eine bestürzende Verarmung von Fauna und Flora ein.

Oben: Blühende Tillandsie. *Unten:* Flecken-Faulvogel. – *Nächste Seite. Oben:* Ein Pirincho-Paar. Diese Vögel werden auch Guira-Kuckucke genannt. *Unten:* Der Fuchskuckuck betreibt ein „normales“ Brutgeschäft. – *Übernächste Seite:* Balzende Tigerdommel.

Im Reich des Kondors

Der Kondor spielt in der Vorstellungswelt der Andenbewohner auch heute noch eine bedeutende Rolle, die auf alter Überlieferung beruht. Schon lange vor der Herrschaft der Inkas galt der Kondor als Symbol für geheimnisvolle Kräfte. Auch mich hat der Kondor seit meiner Kindheit fasziniert. Zwar machten die in engen Zoogehegen meist phlegmatisch herumsitzenden Vögel einen langweiligen Eindruck; doch ging von diesen seltsamen Vogelgestalten eine merkwürdige Ausstrahlung aus, die mich begeisterte. Kein Wunder, daß es einer meiner Jugendträume war, den Kondor in seinem Reich in den Hochanden Südamerikas besuchen zu können.

Der *Kondor* zählt mit seinen Verwandten zu den Neuweltgeiern. Diese besetzen in der Neuen Welt (d. h. in Amerika) die Ökologische Nische der dort fehlenden Altweltgeier. Man kennt insgesamt sieben Arten: den *Andenkondor* oder kurz Kondor genannt, den *Kalifornischen Kondor,* den *Königsgeier,* den *Rabengeier,* den *Truthahngeier* sowie den *Kleinen* und *Großen Gelbkopfgeier.* Von den Neuweltgeierarten ist der Kalifornische Kondor unmittelbar vom Aussterben bedroht. Nur noch wenige Exemplare kommen in den Bergen des südlichen Kaliforniens vor. Diese Art war noch um die Jahrhundertwende im südwestlichen Teil Nordamerikas ziemlich regelmäßig anzutreffen. Vor allem Abschuß und Vergiftung der Vögel haben zu dieser drastischen Dezimierung geführt. Jetzt versucht man in Zusammenhang mit strengsten Schutzbestimmungen und Zuchtversuchen in der Gefangenschaft diese majestätische Vogelart vor dem Aussterben zu bewahren. Die Erfolgsaussichten scheinen allerdings nicht besonders groß zu sein.

Der Andenkondor ist glücklicherweise noch nicht so stark bedroht. In den Bergen Venezuelas wurde er jedoch bereits vor wenigen Jahrzehnten ausgerottet. Seine Verbreitung reicht heute von Kolumbien bis Feuerland; sein Vorkommen ist dort überwiegend auf den Andenraum beschränkt. In Peru und in Chile kommt er lokal auch an der Küste vor, wo er sich Stellen mit hohen Felsklippen aussucht. Im südlichen Argentinien gelangen Kondore auf der Suche nach Tierkadavern auch an die Küsten auf der atlantischen Seite Südamerikas.

Wer jedoch Kondore eingehender beobachten oder studieren will, der muß sie in ihrem Reich in den Anden besuchen. Im nördlichen und zentralen Andenraum muß man dazu in den Bereich zwischen 2000 Meter und 4000 Meter aufsteigen, da Kondore meist oberhalb der Baumgrenze leben.

Die baumlose Zone unterhalb der Schneegrenze heißt im nördlichen Andenbereich *Páramo* und im zentralen *Puna.* Sie ist durch spärliche Vegetation ausgezeichnet. Dadurch hat die Puna in den Anden Nordargentiniens zum Teil halbwüsten- bis wüstenartigen Charakter. Lediglich am Ostabhang, an dem feuchten Luftmassen vom Atlantik her aufsteigen, ist die Vegetation üppiger. Die Puna weist dort meist eine ausgedehnte Grasdecke auf, wodurch sich der Vergleich mit einer Almenregion aufdrängt.

Je mehr der Einfluß der feuchten Winde nachläßt, um so wüstenartiger wird das

Kandelaberkakteen können über zehn Meter hoch werden. Im Hintergrund das Massiv des Nevado de Cachi, dessen Gipfel 6720 m hoch ist. – *Nächste Seite. Oben:* Segelnder Rabengeier. *Unten:* Rabengeier. – *Übernächste Seite. Oben:* Truthahngeier. *Unten:* Königsgeier.

Landschaftsbild. In über 3000 Meter Höhe in der *Cordillera de Salta* gibt es weite halbwüstenartige Flächen, auf denen außer einigen Trockenbüschen in großer Zahl mächtige Säulenkakteen stehen. Diese Kaktusriesen erreichen oft mehr als zehn Meter Höhe. Im oberen Bereich sind sie oft verzweigt und erinnern dadurch an riesige Kandelaber. Für eine Reihe der hier lebenden Vogelarten sind die Säulenkakteen wichtige Warten. So werden diese beispielsweise gern vom hier recht häufigen *Rotrückenbussard* benutzt. Dieser ist etwa so groß wie unser Mäusebussard und wie dieser in Färbung und Zeichnung recht variabel. Bei erwachsenen Vögeln kann man grob zwei Farbphasen, eine helle und eine dunkle, unterscheiden. Vögel der hellen Phase sind unterseits überwiegend weiß, wohingegen solche der anderen Phase vorwiegend dunkelbraun gefärbt sind. Während ausgefärbte Weibchen beider Phasen stets einen rotbraunen Rücken haben, sind Männchen der hellen Phase oberseits oft einfarbig grau ohne jegliches Rotbraun. Unausgefärbte, noch jüngere Vögel sind unregelmäßig hell und dunkel gezeichnet und erinnern in der Färbung z. T. an unseren Mäusebussard. Rotrückenbussarde machen in ihrem andinen Lebensraum vor allem Jagd auf kleine Säugetiere, insbesondere auf *Meerschweinchen* und *Tucotucos.* Letztere sind rattengroße Nagetiere, die kolonienweise in selbstgegrabenen Gangsystemen leben.

An Greifvögeln sind in dieser Landschaft vor allem noch vier weitere Arten zu nennen: der hübsch gezeichnete *Aplomadofalke,* der *Riesen-* oder *Felsenbussard,* auch *Aguja* genannt, der *Andenkarakara* und der *Chimangofalke.*

Wenn in Erosionsrinnen und Trockenbetten die *Nicotiana-Büsche* blühen, kann man dort unter anderem zwei Kolibriarten beobachten: den prächtig schillernden *Feuerschwanz-Kolibri* und den schwalbengroßen *Riesenkolibri,* die größte Art aus dieser Familie. Sie besuchen mit Vorliebe die gelben Röhrenblüten der Nicotiana-Büsche, die mit der Tabakpflanze verwandt sind.

Wer aufmerksam durch die Kaktuslandschaft wandert, wird sowohl an Verzweigungsstellen der Kandelaberkakteen oder in einzelnen der spärlich vorhandenen Trockenbüsche Reisignester unterschiedlicher Größe entdecken. Diese stammen von Verwandten des Hornero, also Vertretern aus der Familie der Töpfervögel. Es sind hier besonders Arten der Gattung *Asthenes* und *Pseudoseisura.* Letztere bauen riesige Reisignester aus dornigen Zweigen mit einem seitlichen Einschlupf.

Eine interessante Taubenart lebt in dieser Kaktussteppe: die *Schwarzflügeltaube.* Sie hält sich vor allem auf dem Boden auf. Kennzeichnend ist eine nackte gelbe Zone in der Augenumgebung, die bei der kleineren, mehr in felsigen Regionen lebenden *Morenotaube* orangerötlich ist.

Von den hier vorkommenden Kleinvögeln ist noch eine Art bemerkenswert, die zur Familie der *Bürzelstelzer* gehört. Es ist der sandbraune Bürzelstelzer *Teledromas fuscus.* Dieser in selbstgegrabenen Erdhöhlen nistende Vogel ist einfarbig sandbraun gefärbt und rennt mit steil hochgestelltem Schwanz wie eine Maus umher.

Im gleichen Lebensraum kommt eine Steißhuhnart mit einem spitzen Schopf vor: das *Schopf-Steißhuhn.* Es lebt auch in den Steppen Patagoniens, wo ähnliche Lebensbedingungen herrschen. Steißhühner sind konvergente Entwicklungen zu den Hühnern, mit diesen aber nicht verwandt. Sie legen prächtig glänzende Eier, deren Schale wie gefärbtes Porzellan wirkt. Alle hier genannten Vogelarten haben sich in jeder Hinsicht hervorragend an diesen kargen Lebensraum angepaßt.

Kondore überfliegen die Kaktuslandschaft regelmäßig. Es gehört jedoch zu den Ausnahmen, sie dort an einem Tierkadaver zu beobachten. Zwar leben in diesen Halbwü-

Oben: Punalandschaft in Nordwest-Argentinien: Das Reich des Kondors. *Unten:* Meerschweinchen in der Kaktussteppe. – *Folgende Doppelseite:* Kaktussteppe in über 3000 m Höhe. Die hier vorkommenden Tierarten haben sich an die extremen Lebensbedingungen hervorragend angepaßt. Im Hintergrund das Massiv des Nevado de Cachi.

sten verwilderte Esel sowie kleine Trupps von *Guanacos,* deren Individuenzahl jedoch durch rücksichtslose Bejagung gewaltig dezimiert wurde. Kadaver solcher Tiere sind deshalb nur spärlich zu finden.

Anders ist es dagegen in der mit Gras bewachsenen Puna. Dort weiden große Rinderherden, Schafe und Ziegen. Von diesen sterben immer wieder Exemplare durch Krankheit oder Unfälle, so daß dort für Kondore und andere Aasfresser der Tisch regelmäßig gedeckt ist. Auch der hier vorkommende *Puma* überläßt Reste seiner Beutetiere den Aasfressern. Darum suchen die Kondore auf der Nahrungssuche in erster Linie diese Weideregionen auf und überlassen die wenigen Tierleichen in der Kaktuslandschaft den Karakaras, Chimangos, Riesenbussarden und Füchsen.

Für die Beobachtungen am Kondor hatten wir deshalb eine Stelle gesucht, wo Rinder in großer Zahl weideten. Eine Landschaft von atemberaubender Wildheit, die mich zu mehrmaligen Besuchen während verschiedener Jahre veranlaßte: das „Valle Encantado".

Wer zum ersten Mal in die Hochanden kommt, wird die Zeilen von Charles Darwin verstehen, die er tief beeindruckt am 20. März 1836 in sein Reisetagebuch schrieb: *„Die Atmosphäre war völlig klar, der Himmel von tiefem Blau. Die tiefen Täler, die wilden zerrissenen Formen, die Haufen von Trümmern, die sich im Laufe der Zeit angehäuft, die lichtgefärbten Felsmassen, dagegen die weißen Schneeberge, das alles zusammen gab ein Landschaftsbild, von dem sich niemand hätte eine Vorstellung machen können. Weder Pflanzen noch Vögel, ausgenommen einige Kondore, die um die höchsten Zacken schwebten, zogen die Aufmerksamkeit von der unbelebten Masse ab."*

So tot, wie sie Darwin beschrieb, ist die Puna jedoch nicht, auch wenn sie auf den ersten Blick so erscheint. Tier- und Pflanzenwelt sind an diese extremen Lebensbedingungen bestens angepaßt. So findet man hier meist kleine Lebensformen, wie Insekten, Spinnen und kleine Reptilien, Zwergpflanzen und Flechten. Das Leben wird üppiger, sobald man in die Nähe von Wasser kommt. Das gilt vor allem für die Zone zwischen 3000 und 4000 Meter Höhe, in der Rinder weiden. Dort gedeihen unter anderem auch niedrige Büsche, von denen die Komposite *Chuquiragua* besonders hervorzuheben ist. Dieser stachelige Busch hat gelbe strohblumenartige Blüten, die vom *Andenkolibri* aufgesucht werden. Dieser kleine Kolibri mit einem prächtig bläulichgrün schimmernden Brustlatz ist vom Vorkommen dieses Busches abhängig. Als Kolibriart, die am höchsten in die Anden hinaufsteigt, ist der Andenkolibri an die kalten Nächte im Hochgebirge dadurch angepaßt, daß er unter Überhängen oder in den Eingängen von Felshöhlen übernachtet und dort seine Temperatur stark absenkt, um auf diese Weise Energie zu sparen. Er verfällt dadurch kurzzeitig in einen winterschlafähnlichen Zustand. Durch die Möglichkeit, den Stoffwechsel zu drosseln und Energie zu sparen, ist er in der Lage, in den extremen Klimabedingungen der Hochanden zu überleben.

Höhenläufer stehen verwandtschaftlich den Limikolen nahe, erinnern aber äußerlich mehr an die Flughühner der Alten Welt. Wir konnten in der Puna mehrfach den *Zwerg-Höhenläufer* beobachten, der nur wenig größer als ein Spatz ist.

In der gleichen Landschaft leben mehrere kleine Finkenarten sowie Vertreter aus den Familien der Töpfervögel und der Tyrannen. Von den Finken möchte ich den *Großen Sierrafink* erwähnen, bei dem die Altvögel im Brutkleid schwärzlich gefärbt sind. Außerhalb der Brutzeit sind die schwärzlichen Partien (vor allem bei jüngeren Vögeln) durch braune Federränder verdeckt.

Besonders auffallend ist ein hier vorkommender Specht, der etwa die Größe unseres Grünspechts hat: der *Andenspecht.* Da es in dieser Höhe keine Bäume gibt, hat sich der

Oben: Rinderherde im Reich des Kondors. *Unten:* „Valle Encantado" im frühen Morgenlicht. Hier beobachteten wir Kondore am Aas.

Specht dahingehend angepaßt, in Steilwänden von Erosionsrinnen oder in anderen Böschungen die Bruthöhlen zu zimmern. Die laut schallenden Rufe der Andenspechte gehören neben dem rauhen Geschrei des hier ebenfalls vorkommenden *Andenkiebitzes* zur charakteristischen Melodie der Puna.

Der *Rothals-Regenpfeifer* ist mit dem Mornell verwandt. Er lebt in der Puna sowie in den Halbwüsten Patagoniens und besiedelt trockenere Biotope als der Mornell im nördlichen Eurasien.

Nachdem wir nun den Lebensraum des Kondors sowie einige seiner Bewohner kennengelernt haben, wollen wir uns dem ungekrönten König der Anden selbst zuwenden. Mit einer Flügelspannweite von über drei Metern und einem Körpergewicht bis zu 14 Kilogramm ist der südamerikanische Kondor der größte flugfähige Landvogel unserer Erde. Das Männchen ist größer als das gleichgefärbte Weibchen und hat auf der Stirn einen fleischigen Kamm, der dem Weibchen fehlt. Jungvögel haben ein einfarbig braunes Gefieder, das erst im Laufe mehrerer Jahre schwärzlich wird und allmählich die charakteristischen, oberseits weißen Armschwingen bekommt. Die Halskrause färbt sich jedoch schon früher weiß. Jeder Wechsel der Gefiederfarbe ist natürlich nur im Rahmen einer Mauser möglich, da die einmal ausgebildete Feder tot ist.

Kondore sind Aasfresser. Da sie keine lebenden Tiere jagen, sind sie darauf angewiesen, verendete Tiere aufzufinden. Bereits Darwin stellte an Hand von Versuchen fest, daß Kondore ihre Nahrung visuell und nicht mittels des Geruchsinnes finden. Auf ihren weiten Suchflügen nutzen sie – wie alle großen Aufwindsegler – die Thermik aus, die ihnen hilft, kräftesparend größere Strecken zurückzulegen. Deshalb sind Kondore keine Frühaufsteher, sondern begeben sich erst dann auf Nahrungssuche, wenn es unter dem Einfluß der Sonnenbestrahlung zu stärkeren Aufwinden kommt. Diese nützen die Vögel dann geschickt aus, indem sie an Berghängen entlangsegeln. Noch ehe die Sonne sinkt, suchen die Kondore ihre Schlafplätze auf Simsen oder in Höhlungen hoher Felswände auf. An ähnlichen Stellen schreiten sie auch zur Brut. Das einfarbig weiße Ei wird direkt auf den Boden gelegt und überwiegend vom Weibchen bebrütet. Der Jungvogel trägt zunächst ein graues Dunenkleid und später ein dunkelbraunes Federkleid. Etwa ein halbes Jahr lang wird der Jungvogel am Brutplatz von beiden Eltern mit ausgewürgter Nahrung versorgt.

Wie bereits erwähnt, sind Kondore harmlose Aasfresser. Dennoch werden sie gebietsweise verfolgt, weil man sie beschuldigt, junge Weidetiere anzugreifen und zu töten. Wie oft auch bei Greifvögeln in Europa, so werden hier ebenfalls aus Beobachtungen falsche Schlüsse gezogen: Man beobachtet Kondore an einem toten Kalb und schließt aus dieser Tatsache, daß das Tier von den Vögeln getötet worden sein muß. Dies ist jedoch falsch. Im rauhen Klima der Puna verendet manches junge Rind oder geht manche trächtige Kuh ein. Die in den Weidegebieten regelmäßig nach Nahrung suchenden Kondore finden einen solchen Kadaver sehr schnell und geraten dadurch unter falschen Verdacht. Wie wir später noch sehen werden, sind Kondore überhaupt nicht in der Lage, ihre Fänge nach Greifvogelart zu gebrauchen. Trotzdem werden Kondore immer noch als vermeintliche Viehdiebe verfolgt, wenn sie auch fast überall unter gesetzlichem Schutz stehen.

Nicht selten dient diese Beschuldigung aber nur als Vorwand, um Kondore für grausame Rituale zu jagen. Diese Vögel spielen nämlich in der Vorstellungswelt der Andenbewohner auch heute noch eine große Rolle. Die Segnung gefangener Kondore, die nach einem Ritt auf einem Stier wieder freigelassen werden, drückt die Befreiung Südamerikas von den spanischen Eroberern aus. Dieses relativ harmlose Ritual ist auch heute noch lokal im zentralen Andenraum Perus anzutreffen. Grausam dagegen ist das Fest des „Arranque del

Oben links: Noch nicht ausgefärbter Rotrückenbussard auf der Warte. *Oben rechts:* Rotrückenbussard, dunkle Phase. *Unten links:* Aplomadofalke. *Unten rechts:* Noch unausgefärbter Anden-Karakara, ein Geierfalke.

Cóndor". Bei diesem Fest soll die Vernichtung indianischer Geister und Götter symbolisiert werden. Dazu werden gefangene Kondore an den Füßen aufgehängt und von vorbeireitenden Männern mit den Fäusten erschlagen und schließlich in Stücke gerissen.

Der Kondor gehört, wie bereits erwähnt, zu den Neuweltgeiern. Nachdem ich „echte" Geier in Spanien und Afrika studiert und mich vor allem mit ihrem Sozialverhalten beschäftigt hatte, reizte mich der Vergleich mit den Neuweltgeiern Amerikas. Dabei drängte sich die Frage auf, ob Neuweltgeier wirklich Verwandte der Geier der Alten Welt sind, oder ob wir es hier mit einer Verwandtschaftsgruppe zu tun haben, deren Vertreter durch ökologische Anpassung an eine bestimmte Lebensweise zu äußerlicher Ähnlichkeit mit Greifvögeln gelangt sind.

Um diesen Fragenkomplex zu klären, war es nötig, Museumsmaterial zu studieren und Untersuchungen über das Verhalten dieser Vögel im Freiland anzustellen. Ich möchte mich in diesem Kapitel lediglich auf die wesentlichsten Gesichtspunkte beschränken und außerdem einige Auszüge aus Protokollen an einem Auslegeplatz wiedergeben, den wir im August 1979 angelegt hatten, um Kondore am Aas zu beobachten.

Die ersten Versuche, Kondore am Aas zu filmen, unternahm ich 1976 in dem beschriebenen Gebiet. Eine von uns gekaufte tote Kuh wurde in einem von hohen Felsen umgebenen Tal ausgelegt. Schon wenige Stunden nach dem Auslegen des Kadavers kreisten die ersten Kondore über ihm. Schließlich waren es 18, die aber nach wie vor nur über dem Auslegeplatz kreisten oder sich in weiter Entfernung auf Felsen setzten. Fünf Tage lang harrten meine Frau und ich von der Morgendämmerung bis zum Abend im Versteck aus – aber kein Kondor kam herab zum Aas.

Vermutlich waren die Vögel kurz nach dem Auslegen des Kadavers von einem Jäger gestört worden, der an einem in der Nähe befindlichen Teich Enten schoß. Außerdem hatten die Kondore wahrscheinlich unser Tarnzelt erkannt. Vielleicht sahen auch die ungeheuer scharfsichtigen Vögel, wie wir in der Morgendämmerung ins Zelt krochen; denn wer weiß, ob nicht einige in Sichtweite in einer Felswand die Nacht verbracht hatten?

Damals mußten wir die Erfahrung machen, daß Kondore – zumindest hier – sehr vorsichtig sind. Auch der bekannte Tierfilmer Heinz Sielmann erzählte mir von ähnlichen Feststellungen an der peruanischen Küste. Offensichtlich kennen Kondore ihr Jagdrevier sehr gut und registrieren sofort, wenn dort etwas verändert wird. Der amerikanische Ornithologe Jerry Mc Gahan, der viele Kondore beobachtet hat, kam zu demselben Schluß, nachdem keiner dieser Vögel am Aas erschien, solange er in errichteten Tarnzelten oder Buschhütten saß. Erst als er anfing, regelrechte Erdbunker zu bauen, hatte er Erfolg.

An diese Erfahrungen Mc Gahan's erinnerte ich mich 1979. Ich beschloß deshalb, in diesem Jahr mit besonderer Vorsicht zu Werke zu gehen und ein bunkerartiges Versteck zu errichten. Für das Auslegen eines toten Esels wählten wir ein weites, von felsigen Hängen begrenztes Tal. An einem Hang lagen zahlreiche große Felsbrocken. Zwischen diesen bauten wir aus aufgesammelten Steinen und Leinwand unsere Bunker. Daß diese Arbeit in der großen Höhe anstrengend war und wir wie Kettenraucher keuchten, kann sich jeder vorstellen. Nach Fertigstellung des Verstecks legten wir einen toten Esel rund 40 Meter vom Ansitz entfernt auf einer freien Fläche aus. Als wir fertig waren, war es gerade 17 Uhr geworden. Aber noch ehe wir uns zurückziehen konnten, erschien der erste Kondor und segelte 100 Meter hoch über unseren Auslegeplatz, zog eine Schleife über dem Kadaver und verschwand hinter einem Bergrücken. Kurz darauf erschienen weitere Kondore, und wir konnten schließlich sieben Exemplare zählen, die über der Auslegestelle kreisten. Da es bereits spät am Nachmittag war, rechneten wir nicht mehr damit, daß die Kondore noch am

Oben: Schwarzflügeltaube. *Unten:* Schopf-Steißhühner. – *Nächste Seite. Oben:* Ein Paar Andenspechte. *Unten links:* Nest des Töpfervogel-Verwandten *Pseudoseisura gutturalis* in einer Verzweigung eines Kandelaberkaktus. *Unten rechts:* Blühender Kandelaberkaktus. – *Übernächste Seite:* Riesenkolibri.

Kadaver landen und mit ihrem Mahl beginnen würden. So bemühten wir uns, so unauffällig wie möglich zu verschwinden.

Am nächsten Morgen verließen wir noch bei Dunkelheit unser Nachtquartier in einem kleinen nahegelegenen Dorf. Als wir den Auslegeplatz erreichten, begann es gerade zu dämmern. Schnell wurden die Photo- und Filmgeräte abgeladen und ins Versteck geschleppt. Ein Wasserloch, an dem wir vorüber mußten, hatte eine mehrere Millimeter dicke Eisdecke. Nun ja, es war August, d. h. Spätwinter, und selbst in den Subtropen ist es in dieser Höhe nachts sehr kalt. Während R. Ertel und ich im Versteck mit dem Aufbau der Apparate beschäftigt waren, schlitzte unser argentinischer Freund Tore Hoy den Bauch des Esels mit einem langen Messer auf und zog das Fell etwas zur Seite. Vorübersegelnde Kondore sollten rotes Fleisch und heraushängende Därme sehen, um dadurch rascher angelockt zu werden. Inzwischen war es hell geworden, Sonnenstrahlen fielen jedoch noch nicht in unser Tal. Tore schlenderte langsam davon, stieg in den hinter einem Felsen abgestellten Geländewagen und fuhr davon. Sollten Kondore irgendwo in der Nähe die Nacht verbracht haben, so mußten sie den sich entfernenden Mann gesehen haben. Es ist ja ein alter Trick, so zu verfahren, d. h. sich von Begleitern zum Versteck bringen zu lassen und sie dann wegzuschicken. So wird der Eindruck erweckt, als seien die Störenfriede wieder abgezogen. Bei Gänsegeiern mußte ich allerdings in Spanien mehrfach die Erfahrung machen, daß sie sich nicht so leicht täuschen ließen. Dort hatten mich drei Begleiter zum Tarnzelt gebracht und sich dann wieder zurückgezogen. Die Geier überflogen währenddessen in großer Höhe den Platz. Solange ich im Versteck war, kam kein Vogel ans Aas; erst als man mich abgeholt hatte, waren plötzlich viele Geier am Kadaver. Der Trick klappte auch nicht, als wir zu fünf Personen zum Versteck gingen und von diesen vier zurückmarschierten. Kein Geier erschien am Aas, solange ich im Tarnzelt war. Befand ich mich aber nicht drinnen, so kamen sie bereits nach wenigen Minuten herab, um zu fressen. Offensichtlich sind Gänsegeier in der Lage, zwischen vier und fünf Personen zu unterscheiden. Das geschieht nicht durch regelrechtes Zählen in unserem Sinne, sondern vermutlich in Form des „unbenannten Zählens", wie es der deutsche Verhaltensforscher O. Koehler nannte.

Um all dem vorzubeugen, waren wir schon vor Sonnenaufgang ins Versteck gekrochen und hatten zusätzlich noch unseren Freund weggehen lassen. Eigentlich müßte alles klappen.

Die ersten Sonnenstrahlen beleuchteten jetzt die uns gegenüberliegenden Felsspitzen. Ein prächtiger Anblick: die fast glühend wirkenden Sandsteinfelsen vor dem tiefblauen Himmel. Von Kondoren war noch nichts zu entdecken. Die Sonne stieg rasch höher, und schon sehr bald erreichten ihre Strahlen den toten Esel, dessen Fleisch fast unwirklich rot aus dem umgebenden Graugrün des dürren Grases hervorstach.

Was sich bei diesem Morgenansitz im August 1979 abspielte, mögen einige Tagebuchauszüge veranschaulichen:

„Es ist mittlerweile 8.30 Uhr geworden. Ein Schatten gleitet übers Tal. Er stammt von einem Caranchofalken, der nach kurzem Kreisen auf einem Felsen in der Nähe landet. Caranchos sind ja ebenfalls in erster Linie Aasfresser. Vermutlich wird dieser Vogel in Kürze unseren Esel inspizieren. Doch zunächst kommt es anders: Aus dem hinteren Teil des Tales bewegt sich ein Trupp Rinder auf unser Aas zu. Schnüffelnd und muhend trampeln die Weidetiere um den Kadaver herum, und es dauert etwa 20 Minuten bis sie sich in Richtung auf einen Tümpel entfernen. Das ist das Signal für den Carancho. Er fliegt ab, kreist zweimal über dem Kadaver und landet dann wenige Meter neben diesem. Nach einigem Sichern, wobei er nach Falkenart den Kopf auf und ab bewegt, läuft er auf den Esel zu, um schließlich auf dessen Bauch zu

Oben: Ein jüngerer, noch einfarbig düster gefärbter Kondor segelt herbei. *Unten:* Kondorweibchen am Aas eines Esels.

hüpfen. In diesem Augenblick löst sich ein Rind aus der Gruppe und trottet muhend auf den Falken zu. Dieser verläßt seinen Sitzplatz und hopst zur Seite. Doch die Kuh folgt ihm. So läuft der Carancho vom Aas weg, gefolgt von dem immer schneller trottenden Rind. Schließlich fliegt der Vogel auf und setzt sich wieder auf einen Felsen. Die Kuh kehrt zum toten Esel zurück und beschnuppert ihn ausgiebig. Dann trottet sie einige Meter zur Seite. Schon ist der Carancho wieder in der Nähe. Die Kuh nimmt ihre „Totenwache" ernst und trabt wieder solange hinter dem Carancho her, bis dieser abfliegt. Das Spielchen wiederholt sich mehrere Male. Doch dann geschieht etwas Merkwürdiges: Der Carancho fliegt wieder herbei und landet in einer Bodenmulde. Von dort aus beobachtet er die Kuh. Nach einigen Augenblicken trippelt er aus der Mulde heraus, schlägt einen weiten Bogen um den toten Esel, auf dessen anderer Seite das Rind steht, und rennt dann schnell auf den Kadaver zu, in dessen Sichtschutz er stehenbleibt. Nach einigem Sichern klettert er auf den toten Esel und beginnt am Brustkorb Fleischfetzen abzureißen. Die Kuh, nur drei Meter entfernt auf der anderen Seite stehend, scheint schier fassungslos auf den respektlosen Aasfresser zu blicken, der sich jetzt durch ihre Anwesenheit nicht mehr im geringsten stören läßt. Wenige Minuten später dreht sie sich um und trottet langsam davon. Der Carancho ist nun alleiniger Herr der Lage – jedoch nicht mehr allzulange! Drei noch unausgefärbte Anden-Karakaras umfliegen mit rauhen, nasalen „gwaoh"-Rufen den Kadaver. Anden-Karakaras gehören ebenfalls zu den Geierfalken und sind Aasfresser. Während die Altvögel auffallend schwarz und weiß gefärbt sind, tragen unausgefärbte Stücke ein überwiegend braunes Gefieder mit hellen Zonen in den Handschwingen und an der Schwanzwurzel.

Die Karakaras landen bald darauf und inspizieren das Aas, wobei sie sich hin und wieder streiten und ihre rauhen Rufe hören lassen. Der Carancho zieht sich zurück. Anscheinend hat er genügend gefressen. Ich verfolge seinen Abflug durch den Beobachtungsschlitz. Da fällt mein Blick auf einen der gegenüberliegenden Felszacken. Dort sitzt ein großer, dunkler Vogel. Tatsächlich, ein Kondor! Ein jüngeres Weibchen ist es, dessen Armschwingen noch nicht weiß gefärbt sind.

Am Kadaver machen die Anden-Karakaras wieder so ein Geschrei, daß wir uns ihnen zuwenden. Wieder einmal gibt es Streit um die Vorherrschaft, wobei die Kontrahenten gegeneinander fliegen, bis einer sich zurückzieht. Als ich wieder nach dem Kondor schauen will, ist dieser weg. Da erfüllt ein lautes Rauschen die Luft, dem deutlich Flügelschläge und ein dumpfes Rumpeln folgen. Der Kondor muß hinter uns gelandet sein. Sicher nicht weiter als 20 oder 30 Meter entfernt! Da rauscht es wieder. Ein zweiter Kondor?

In der Nähe des Kadavers laufen jetzt zwei Andenkiebitze umher, die sich von den rauflustigen Falken keineswegs beeindruckt zeigen. Durch den kleinen Sehschlitz lasse ich den Blick langsam nach links schweifen – und mir stockt der Atem! Etwa 30 Meter vom Kadaver entfernt steht ein weiblicher Kondor auf dem Boden. Wie lange habe ich auf diesen Augenblick gewartet!

Bedächtig schreitet der Kondor in Richtung auf das Aas zu. Es scheint derselbe Vogel zu sein, den wir zuerst auf dem Felsen sahen. Seine Schwingen haben noch kein Weiß. Dafür ist seine Halskrause bereits schneeweiß gefärbt. Jetzt geht er wieder einige Schritte vorwärts, bleibt dann stehen und schaut sich mit lang hochgerecktem Hals sichernd nach allen Seiten um. Die drei Karakaras, die vom Aas aus das Kondorweibchen beobachtet hatten, fliegen jetzt auf und umkreisen es schreiend. Die Andenkiebitze wurden anscheinend aufgeschreckt und suchen nun, durchdringend schreiend, das Weite. Der Kondor zuckt zusammen und hopst mit geöffneten Flügeln einige Meter zurück. Dann rennt er wie ein Huhn davon und bleibt erst nach etwa 50 Metern stehen. Nach einigem Sichern kehrt er langsam zurück. Es

Oben: Adulter männlicher Kondor am toten Esel. *Unten:* Vollgefressene Kondore sitzen häufig mit eingeknickten Fersengelenken am Futterplatz.

kommt uns wie eine Ewigkeit vor, bis der Vogel wieder in Aasnähe ist. Wenige Meter vor dem toten Esel bleibt der Kondor mit hochgerecktem Kopf sichernd stehen. Da landen zwei Caranchos in Aasnähe und hopsen auf den Kadaver. Wieder geht das Kondorweibchen einige Meter zurück, kommt aber dann rascher als vorher herbei und läuft zielstrebig auf den Kopf des Esels zu. Ohne vorheriges Sichern beginnt der Vogel, sich an einer Augenhöhle zu schaffen zu machen. Dabei knickt er etwas in den Fersengelenken ein, streckt den Hals aus und macht mit dem Schnabel drehende Bewegungen. Dem Vibrieren von Ober- und Unterschnabel nach ist zu schließen, daß der Kondor den Glaskörper des Auges regelrecht ausschlürft. Die Reste des Augapfels hat er anscheinend mit den drehenden Bewegungen gelöst und ebenfalls eingeschlürft; denn als er den Schnabel aus der Augenhöhle zieht, ist diese leer."

Die Kondorzunge ist ja bekanntlich durch ihren Bau besonders gut zum Einschlürfen von Nahrung geeignet. Vor Jahrzehnten kamen Kondore häufig zu den Seevogelkolonien auf den Guanoinseln vor der Küste Perus, um sich von den Eiern der hier brütenden Vogelarten zu ernähren. Die Wärter schossen regelmäßig Kondore ab, da sie in ihnen Feinde ihrer für die Guanoproduktion wichtigen Seevögel sahen. In den Kröpfen so erlegter Kondore wurden die Inhalte von Eiern gefunden, die offensichtlich eingeschlürft worden waren, da die Dotter keinerlei Beschädigungen aufwiesen.

„Mit Erleichterung stellen wir fest, daß die Kondordame nicht auf Kamerageräusche reagiert. Sie schreitet bedächtig um den Kadaver herum und knabbert mal hier, mal dort. Dann bleibt sie am geöffneten Bauch stehen und beginnt, in den Därmen zu wühlen. Dabei verschwindet ihr Kopf oft vollständig zwischen den Eingeweiden des Esels.

Ein mächtiges Rauschen, dem ein dumpfes Rumpeln folgt, veranlaßt uns, durch die Seitenschlitze zu spähen. Ein altes Kondormännchen ist nur wenige Meter vom Aas entfernt gelandet. Das Surren der Filmkamera stört es ebensowenig wie das Weibchen. Majestätisch schreitet der Vogel zum Kadaver. Als er in die Nähe des Weibchens kommt, öffnet er leicht den Schnabel. Gleichzeitig verfärbt sich die dunkle Halshaut kurzzeitig orangerötlich. Das Weibchen wendet sich etwas ab und läuft um ihn herum. Dann fressen beide friedlich nebeneinander. Zwei Caranchos, die sich mittlerweile ebenfalls eingestellt haben, werden überhaupt nicht beachtet. Sie sind aber sichtlich erregt, denn ihre sonst fleischfarbene „Wachshaut" hat sich gelb verfärbt.

Das Mahl der Kondore verläuft ohne Hast. Das Männchen begibt sich zunächst zum Kopf des Esels und versucht, das aus der Augenhöhle zu holen, was das Weibchen nicht erwischt hat. Dann macht es sich am Maul zu schaffen und reißt stückweise die Zunge heraus. Schließlich begibt es sich zum Weibchen und wühlt friedlich neben diesem in den Eingeweiden des Esels.

Nach längerem Wühlen schreitet das Männchen zum Vorderkörper des Esels und beginnt mit ruckartigen, drehenden Bewegungen des Schnabels, ihm ein Loch ins Fell zu schneiden. Der Kondor fährt dann bis zum Schnabelansatz hinein und dreht dabei den Kopf leicht hin und her. Offensichtlich schneidet er mit seinem rebscherartigen Schnabel Fleisch ab, das er in dieser Stellung gleich verschluckt. Der Bau seiner Zunge ist ihm natürlich dabei von Vorteil.

Beide Kondore fressen ruhig, aber stetig. Lautäußerungen sind nicht zu hören. Ihre Kröpfe treten immer weiter hervor. Da, schon wieder ein Rauschen! Beide Kondore blicken auf. Von rechts nähert sich ein besonders großes Kondormännchen. Sein Kropf ist halb gefüllt. Trotzdem scheint ihn das Mahl zu locken. Der Kondor schreitet mit hochgerecktem, leicht nach vorne gebogenem Hals und gelüfteten Schwingen auf das Aas zu. Dort macht er eine leichte Verbeugung und biegt seine Flügel etwas vorwärts, so daß das Weiß seiner

Oben: Mara mit Jungtier. *Unten:* Braunes Borsten-Gürteltier.

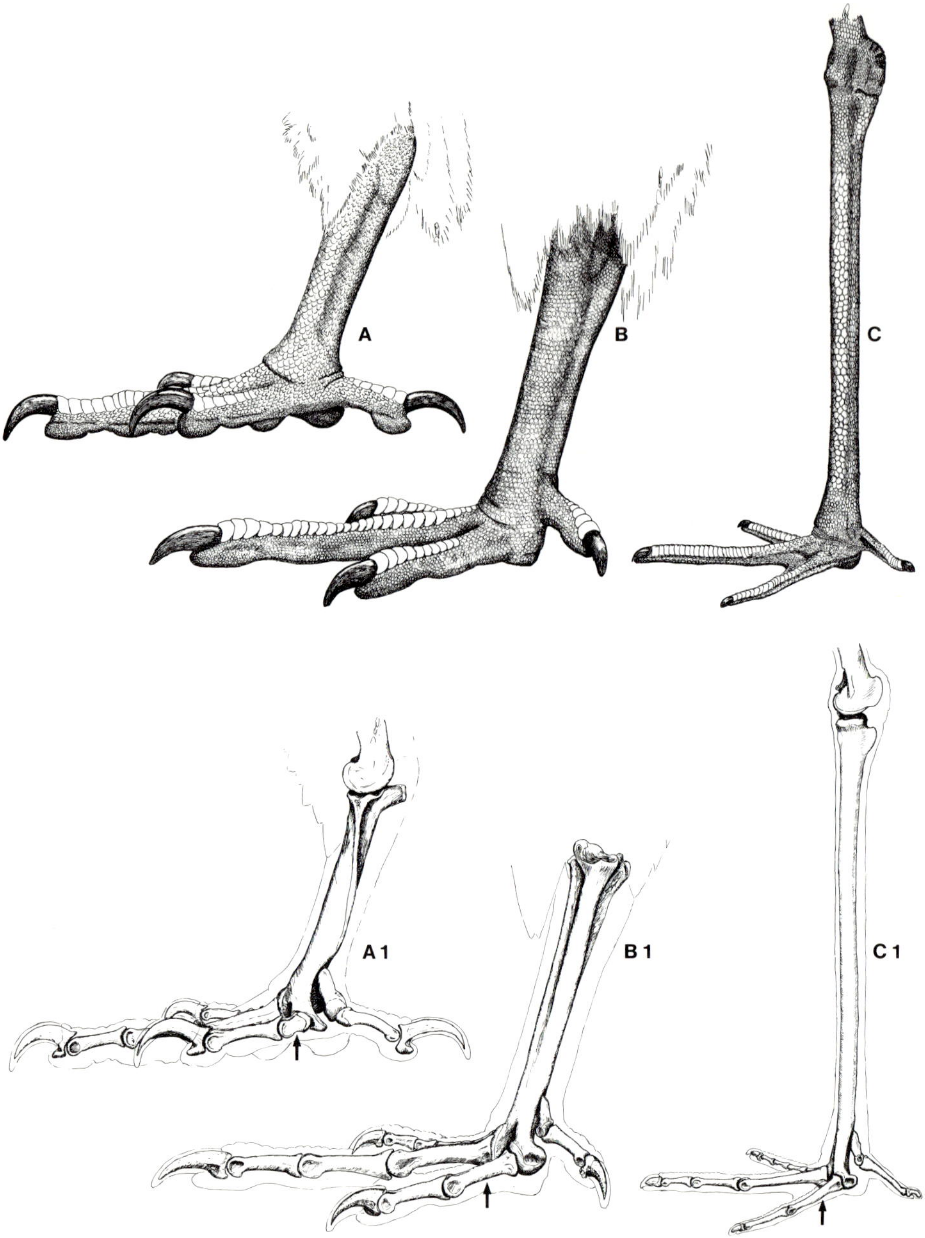

Jeweils rechter Fuß von Gänsegeier *(Gyps fulvus)* (A), Kondor *(Vultur gryphus)* (B) und Weißstorch *(Ciconia ciconia)* (C). Darunter die dazugehörigen Fußskelette (A 1–C 1). Aus: Journal für Ornithologie Bd. 123, H. 3 (1982)

Armschwingen deutlich nach vorne weist. Gleichzeitig laufen seine häutigen Partien an Hals und Kopf kräftig orange an. Das andere Männchen ist ebenfalls leicht „errötet", dreht aber ab und marschiert vom Kadaver weg. Etwa 20 Meter entfernt wischt es Kopf und Hals im Gras, wobei es sich fast auf den Kopf stellt. Bei diesem intensiven Wischen versucht der Vogel,

Oben: Patagonische Trockensteppe. (Trockene Pampa). *Unten:* Guanacoherde auf der Halbinsel Valdés. Der Zaun soll das Eindringen von Schafen in das Schutzgebiet verhindern.

Verunreinigungen zu beseitigen. Dann steigt er langsam an einem Hang in die Höhe und setzt sich dort auf einen Felsen.

Am Aas sättigen sich mittlerweile das neue Männchen und das Weibchen. Währenddessen landen zwei Kondore, ein Männchen und ein Weibchen, auf einem gegenüberliegenden, hohen Felsen. Über dem Fraßplatz kreisen zeitweise drei weitere Kondore, darunter zwei unausgefärbte, noch einfarbig dunkelbraune Vögel.“

Soweit die Auszüge aus dem Tagebuch. Dem beschriebenen Ansitz folgten weitere Beobachtungen im Freiland. Daß diese natürlich sehr zeitaufwendig waren und nicht immer zum Erfolg führten, sei in diesem Zusammenhang nur am Rande erwähnt.

Neben der Freilandforschung gibt das Museumsmaterial dem Wissenschaftler die Möglichkeit, bestimmte Fragen, vor allem anatomischer und morphologischer Art, zu klären.

Beschäftigen wir uns zunächst einmal mit der Frage, wie es mit den Greifvogelmerkmalen des Kondors steht. Charakteristisch für alle Greifvögel ist nämlich, daß sie einen Gegenstand mit den Zehen umgreifen und wegtragen können. Dazu muß die Hinterzehe relativ kräftig entwickelt sein, um gegen die Vorderzehen ein Widerlager zu bilden. Beim Kondor und den anderen Neuweltgeiern ist nun im Gegensatz zu den Geiern der Alten Welt die Hinterzehe nur sehr schwach entwickelt und setzt relativ hoch am Mittelfußknochen an. Somit kann sie kein Widerlager gegen die drei Vorderzehen bilden. Noch deutlicher werden die Unterschiede, wenn man die Fußskelette eines Kondors und eines Gänsegeiers miteinander vergleicht. Bei Greifvögeln, also auch bei Geiern der Alten Welt, ist das Zehenglied der inneren Vorderzehe sehr kurz, damit sie maximal gekrümmt werden kann. Sie ist beim Greifen besonders wichtig. Beim Kondor und den anderen Neuweltgeiern sind jedoch beide Zehenglieder etwa gleichlang. Eine starke Krümmung dieser Zehe ist deshalb nicht möglich. Neuweltgeier können keinen Gegenstand ergreifen. Sie sind nur dann in der

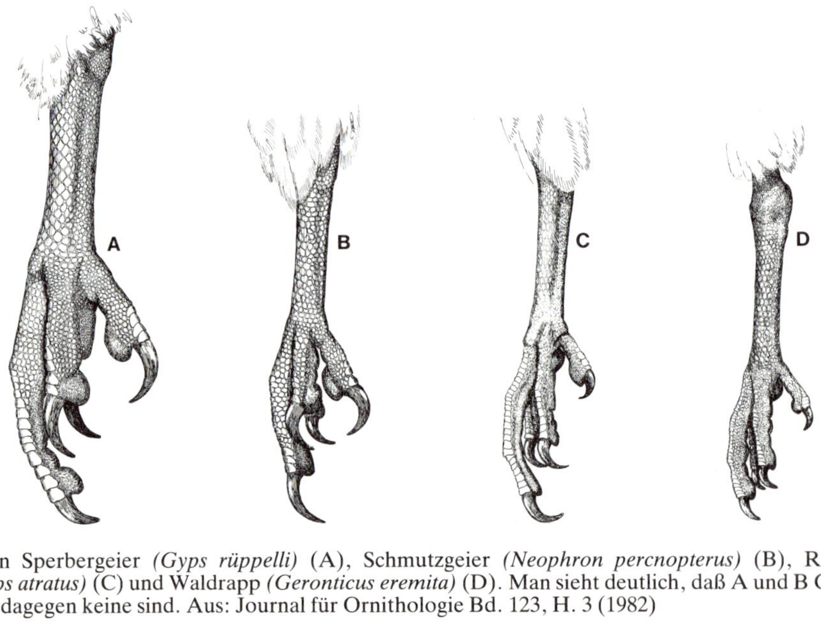

Füße von Sperbergeier *(Gyps rüppelli)* (A), Schmutzgeier *(Neophron percnopterus)* (B), Rabengeier *(Coragyps atratus)* (C) und Waldrapp *(Geronticus eremita)* (D). Man sieht deutlich, daß A und B Greiffüße, C und D dagegen keine sind. Aus: Journal für Ornithologie Bd. 123, H. 3 (1982)

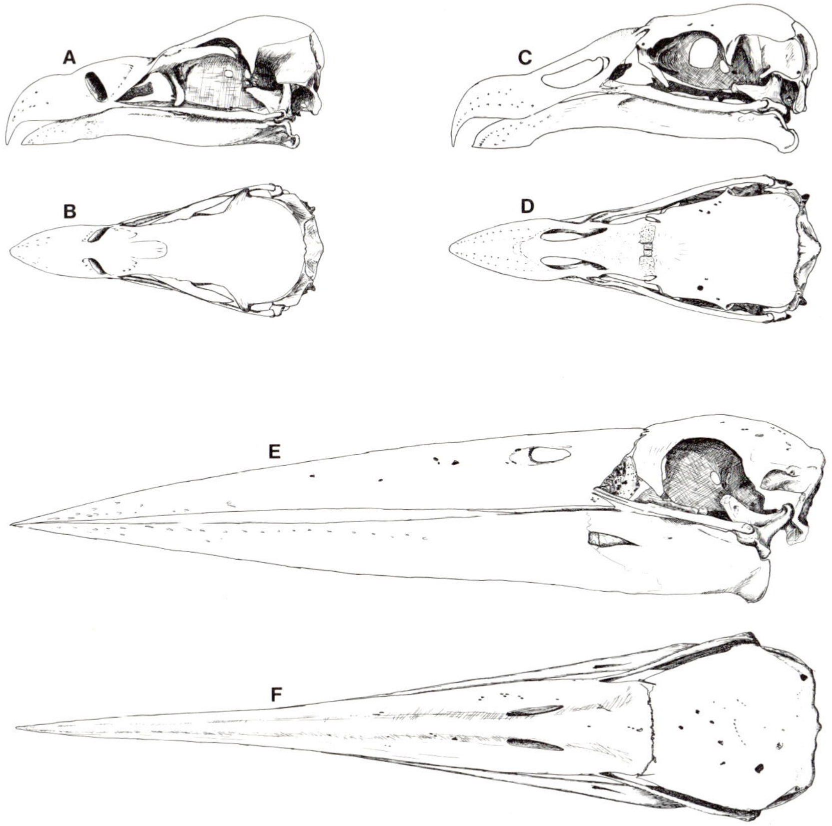

Schädel von Gänsegeier (A und B), Kondor (C und D) und Marabu *(Leptoptilos crumeniferus)* (E und F). Aus: Journal für Ornithologie Bd. 123, H. 3 (1982)

Lage etwas festzuhalten, wenn sie sich mit dem ganzen Fuß daraufstellen. Ein ähnliches Fußskelett wie die Neuweltgeier besitzen die Storchartigen.

Betrachten wir die Schädel von Kondor, Gänsegeier und Marabu, so fällt unter anderem auf, daß bei Kondor und Marabu die Nasenscheidewand durchbrochen ist. Beim Gänsegeier sowie bei den anderen Greifvögeln der Erde finden wir eine kräftig ausgebildete Nasenscheidewand.

Alle Neuweltgeier sind stimmlos. Sie können nur zischende, fauchende und knappende Laute erzeugen, weil sie keinen ausgebildeten Singmuskelapparat, den *Syrinx* der Vögel, haben. Bei Greifvögeln ist dieser Syrinx gut entwickelt, wodurch sie in der Lage sind, stimmliche Lautäußerungen von sich zu geben. Dagegen sind viele Storchartige stimmlos.

Auch der Vergleich von Verhaltensweisen ergibt bemerkenswerte Unterschiede zwischen Greifvögeln einerseits und Neuweltgeiern andererseits: Alle Neuweltgeier spritzen Kot auf die Beine. Die Verdunstungskälte ist bei Hitze zur Thermoregulation nützlich. Die Beine dieser Vögel sind deshalb manchmal weiß mit Harnsäure überzogen. Diese Weißfärbung spielt möglicherweise noch als Signal beim Sozialverhalten eine Rolle. Vielleicht ist darin sogar die Hauptbedeutung des Kotens auf die Beine zu sehen, während die Kühlung nur einen Nebeneffekt darstellt. Diese Form der Thermoregulation ist bei Greifvögeln unbekannt; man kennt sie aber bei Störchen, wo sie M. P. Kahl eingehend studiert hat.

Nächste Seite. Oben: Die häufige Dominikanermöwe. *Unten:* Blutschnabelmöwe beobachtet Gelege der Dominikanermöwe. – *Übernächste Seite. Oben:* Lagerplatz von Mähnenrobben im Schutzgebiet „Punta Loma“. *Unten:* „Punta Norte“ auf der Halbinsel Valdés ist der bedeutendste Lagerplatz der Südlichen See-Elefanten. Personen, die sich alten Bullen aufrecht nähern, werden von diesen angedroht.

Kondorpaar kurz vor der Kopula. Man beachte das „Schnäbeln"! Nach Gailey und Bolwig sowie eigenen Beobachtungen. Aus: Journal für Ornithologie Bd. 123, H. 3 (1982)

Bei der Balz oder bei drohendem Imponieren blähen Neuweltgeier die Kehle, bzw. die vordere Halsregion, wie es auch einige Storcharten tun. Außerdem schnäbeln Neuweltgeier bei der Begattung in ähnlicher Weise miteinander, wie es auch Storchartige tun. Bei Greifvögeln ist diese Verhaltensweise unbekannt.

Infantile Bettelbewegungen und denen ähnelnde Beschwichtigungsgesten bei tätlichen Auseinandersetzungen haben bei Neuweltgeiern und Storchartigen eine gewisse Ähnlichkeit, aber überhaupt keine mit solchen bei Greifvögeln. Wie die Störche verwenden auch Neuweltgeier vor allem den Schnabel als Aggressionswerkzeug. Diesen Befunden, die die Verwandtschaft der Neuweltgeier mit den Störchen betonen, seien nun andere Merkmale gegenübergestellt, die eher dem Greifvogelcharakter von Altweltgeiern entsprechen:

Alle Neuweltgeier haben einen mehr oder weniger stark ausgebildeten Hakenschnabel und kräftige Krallen an den Zehen. Kopf und Hals sind weitgehend nackt. Einige Arten haben eine Halskrause, die allerdings auch bei Marabus vorkommt. Sie sind überwiegend Fleisch- bzw. Aasfresser. Bei Auseinandersetzungen am Futterplatz spielen helle oder weiße Zeichen im Gefieder eine ähnliche Rolle wie bei den Altweltgeiern.

Diese Merkmale kann man aber auch ohne weiteres als ökologische Anpassung an bestimmte Ernährungsweisen deuten, die sich bei Altwelt- und Neuweltgeiern parallel entwickelt hat.

In Amerika gibt es keine Altweltgeier. Folglich war für Vögel die Ernährungsnische Aas frei. Einige Falken, die Geierfalken sowie die Neuweltgeier und die ausgestorbenen neuweltlichen Riesengeier (Teratornithiden) teilten sich in diese Nische. Ein fossiler Altweltgeier aus Kansas starb aus, vermutlich durch Konkurrenz mit den bereits (im Eozän oder Pliozän) in dieser Nische etablierten Aasfressern.

Alle Neuweltgeier sind relativ langbeinig. Dies fällt besonders beim Rabengeier auf. Fossile Arten waren z. T. noch langbeiniger, wie beispielsweise der neuweltliche *Neocathartes,* der vermutlich wie ein Storch mit Rabengeierkopf aussah. Die Kondore besitzen sogar eine gewisse Ähnlichkeit mit den Marabus, z. B. durch ihre Halskrause, die Färbung der Armschwingen und die Ausbildung von Hautanhängen am Hals.

Die fossilen Reste des erst kürzlich von Campbell und Tonni in Patagonien gefundenen „Riesengeiers“ *Argentavis magnificens,* der vor etwa fünf bis sechs Millionen Jahren lebte, unterstreichen meine Folgerungen über die Storchenverwandtschaft der Neuweltgeier: *Argentavis* hatte unter anderem einen Storchenschnabel!

Die Ähnlichkeit der Neuweltgeier mit ihren ökologischen Vertretern in der alten Welt dürfte auf reine Konvergenz und nicht auf Verwandtschaft zurückzuführen sein, zumal alle Greifvogelmerkmale als Anpassung an ihre Lebensweise betrachtet werden können. Die Kriterien, die für eine Verwandtschaft mit Störchen sprechen, sind von ökologischer Anpassung weitgehend unbeeinflußt und daher als ursprünglicher und für die verwandtschaftlichen Beziehungen wichtiger anzusehen. Nachdem Untersuchungen über das körpereigene Eiweiß keine eindeutigen Ergebnisse erbrachten, halte ich es für sinnvoll, aufgrund dieser Befunde die Neuweltgeier als Familie zur Ordnung der Storchartigen zu stellen. Greifvögel sind es jedenfalls nicht! Im Kondor, dem Abbild des Geiers schlechthin, haben wir somit einen der spektakulärsten Fälle von Konvergenz in der Vogelwelt vor uns.

Damit sind aber noch lange nicht alle Fragen um den Kondor und seine Verwandten gelöst. Im Gegenteil! Es ist ja eine bekannte Tatsache, daß derjenige, der tiefer in eine Materie eindringt, ständig auf neue offene Fragen stößt. So auch hier. Vor allem sind Fragen aus den Bereichen Ökologie und Verhalten bislang vielfach nur am Rande, bzw. noch gar nicht behandelt worden. Es bleibt noch viel zu tun, und es werden noch manche Exkursionen ins *Reich des Kondors* notwendig sein, um das Leben dieses geheimnisumwitterten „Geistes der Anden“ eingehend zu erforschen. Das ist nicht zuletzt auch zum Schutze dieser majestätischen Vogelgestalt dringend erforderlich!

Vor allem außerhalb der Brutzeit kommen Kondore auf ihren Suchflügen bis in die Steppengebiete Patagoniens und an die Atlantikküste. Folgen wir ihnen in diese Region:

Die Pampa, etwa 1000 Kilometer südlich von Buenos Aires, ist halbwüstenartig trocken. In der spärlichen Vegetation dominieren stachelige Büsche. Am Rande einzelner flacher Tümpel sowie an anderen feuchten Stellen wachsen Gras und Binsen. Von dieser spärlichen Nahrung leben *Guanacos* und *Maras. Guanaco* nennt man eine der beiden amerikanischen Wildkamelarten. Die andere, das *Vicuña,* wurde vom Menschen weitgehend ausgerottet und kommt heute nur noch in wenigen Schutzgebieten im Hochandenraum vor. Auch das Guanaco, dessen domestizierte, d. h. zum Haustier gewordene Form, das *Lama,* allgemein bekannt ist, wurde in seinem Bestand gewaltig dezimiert. Die von Siedlern eingeführten Schafe bilden heute große Herden und konkurrieren mit den Guanacos um die spärliche Nahrung. Viele Farmer dezimieren Guanacos aus solchen Beweggründen.

Ähnlich wie den Guanacos geht es den *Maras.* Sie erinnern auf den ersten Blick an Hasen und spielen auch die gleiche ökologische Rolle in Südamerika. Man nennt sie daher „Pampashasen“. Mit Hasen sind Maras aber nicht verwandt, sondern mit den Meerschweinchen. Leider hat man zum reinen Jagdvergnügen aus Europa Feldhasen eingeführt. Diese machen durch ihre sprichwörtliche Vermehrungsfähigkeit mehr und mehr den einheimischen Maras den Lebensraum streitig. Ein Beispiel dafür, wie menschliche Unvernunft in kürzester Zeit ökologische Systeme aus dem Gleichgewicht bringen kann, die in Jahrtausenden gewachsen sind.

Nächste Seite: Mit aufgeblasenem „Rüssel“, weit aufgerissenem Maul und röhrendem „Rülpsen“ drohen See-Elefantenbullen den vermeintlichen Angreifer an. – *Übernächste Seite. Oben:* Unter jüngeren Bullen kommt es häufig zu relativ harmlosen „Raufereien“. *Unten:* Reste von See-Elefanten und anderen Robben, die hier noch vor wenigen Jahren zu Ölen und Fetten verarbeitet wurden.

So wie es in Südamerika zwei Arten Kamele gibt, so gibt es auch dort zwei Vogelarten, die die Rolle der Strauße spielen: der noch lokal im nördlichen Argentinien und südlichen Brasilien sowie in Paraguay vorkommende *Nandu* und der in Patagonien sowie sporadisch in den Hochanden lebende *Darwin-Nandu.* Letzterer ist wie Guanaco und Mara ein Bewohner der patagonischen Steppen. Wie die beiden Säugetierarten wurde auch er in seinem Bestand vor allem durch Verfolgung sehr stark dezimiert. Gebietsweise ist er bereits ausgerottet.

Die beiden Nandu-Arten haben im Gegensatz zum Afrikanischen Strauß drei Zehen, während dieser nur zwei hat.

In den Steppengebieten Südamerikas ist eine Gruppe von Säugetieren verbreitet, die es sonst auf unserer Erde nicht gibt, die *Gürteltiere.* Die meisten Arten graben Höhlen ins Erdreich, die sie meist nur in der Dämmerung oder Nachts verlassen. Eine Art, das *Braune Borsten-Gürteltier,* kann man in der halbwüstenartigen Pampa Patagoniens aber auch am Tage beobachten. Wenn man sich das Tier anschaut, glaubt man kaum, daß es so rasch rennen kann. Ein Mann hat Mühe, ihm in der Trockenbusch-Landschaft zu folgen. Kommt man ihm zu nahe, so gräbt es sich blitzschnell ein. Während viele Gürteltiere sich von Insekten ernähren, ist das Braune Borsten-Gürteltier überwiegend Aasfresser.

Obwohl die Steppengebiete Patagoniens weit im Süden liegen und es im Winter beachtlich kalt werden kann, gibt es dort noch bis zu handflächengroße dunkelbraun behaarte *Vogelspinnen.* Vor allem an warmen Abenden, die es auch in Patagonien gibt, kann man diese Tiere beim Überqueren von Straßen beobachten. Die großen Spinnen mögen ängstliche Gemüter zwar erschrecken, sie sind aber nicht gefährlich. Ihre Nahrung besteht vor allem aus Insekten und aus kleinen Exemplaren der hier häufigen *Sandleguane.*

Der Küstenbereich bricht häufig steil zum Meer ab, der Strand ist meist kiesig oder felsig. Da das Wasser des Atlantiks durch den kalten *Falkland-* oder *Malvinenstrom* stark abgekühlt wird, ist das Meer reich an Kleinlebewesen. Diese wiederum ziehen Fische an, die von Meeresvögeln und Meeresäugern gejagt werden. Folglich trifft man im Küstenbereich ein reges Leben an. Beeindruckend sind die Seevogelkolonien und die Lagerplätze der Robben.

Wenden wir uns zunächst den *Mähnenrobben* zu, die wie die Seelöwen zu den Ohrenrobben gehören. Sie sind an der patagonischen Küste weit verbreitet. Im *Schutzgebiet Punta Loma* gibt es eine größere Kolonie von Mähnenrobben. Die Weibchen bringen hier ihre Jungen zur Welt. Kurz nach der Geburt der Jungen versuchen die mit einer struppigen Mähne ausgestatteten Bullen einen möglichst großen Harem um sich zu scharen. Mehr als ein Dutzend paarungswilliger Robbendamen kann so ein Bulle in seinem Harem versammeln. Dieser wird eifersüchtig bewacht und gegen Nebenbuhler heftig verteidigt.

Junge Mähnenrobben werden einige Monate gesäugt und sind erst im Alter von etwa vier Jahren geschlechtsreif.

Punta Norte, ein Schutzgebiet auf der Halbinsel Valdés, ist der bedeutendste Lagerplatz des *Südlichen See-Elefanten* an der südamerikanischen Küste. Zwischen September und November ist hier Hochbetrieb. Man kann zu dieser Zeit einige tausend See-Elefanten am Kiesstrand von Punta Norte beobachten. Viele dieser Kolosse liegen dann faul am Strand und bewerfen sich hin und wieder zur Kühlung mit feuchtem Kies, wobei sie ihre zu Flossen umgestalteten Vordergliedmaßen wie Schaufeln benutzen.

Zu dieser Zeit erkämpfen sich „Halbstarke" ihre Positionen in der Rangfolge, wobei sie mit der Brust gegeneinander schlagen und sich gegenseitig die Eckzähne des Unterkiefers in die Halshaut rammen.

Oben: Brutkolonie von Königskormoranen im Schutzgebiet „Punta Tombo". *Unten:* Scheidenschnäbel, Gäste aus der Antarktis. – *Nächste Seite:* Porträt eines Königskormorans. – *Übernächste Seite:* Seltenster Kormoran an der Atlantikküste ist der im pazifischen Bereich weit verbreitete Guanokormoran.

Ausgewachsene Bullen können sechs Meter lang und etwa 3500 kg schwer werden. Ihr lautes, rülpsendes Röhren gehört zur Atmosphäre des Strandes von Punta Norte. Der Name *See-Elefant* beruht auf der Fähigkeit der Bullen, ihre Nase rüsselartig aufzublasen. Sie tun dies beim Drohen, wobei sie sich etwas aufrichten, das Maul weit aufreißen und dabei die charakteristischen, langgezogenen „Rülpser" hören lassen.

Sowohl Mähnenrobben als auch See-Elefanten wurden noch vor wenigen Jahrzehnten in Menge an der Küste Patagoniens erschlagen und zu Fetten und Ölen verarbeitet. Heute stehen die Tiere unter gesetzlichem Schutz und sind in manchen Reservaten zur Attraktion für den Tourismus geworden.

Ornithologisch ist das *Schutzgebiet Punta Tombo* besonders erwähnenswert. Dort kann man neben einer großen Brutkolonie von *Magellan-Pinguinen,* die etwa eine Million Vögel umfaßt, auch vier Arten von Kormoranen beobachten, von denen drei im Schutzgebiet brüten. Einer davon, der *Guanokormoran,* kommt an der Ostküste Südamerikas nur in Punta Tombo vor. Sonst trifft man ihn vor allem auf den Guanoinseln von Chile und Peru.

Die meisten Kormoranarten, so auch die drei auf Punta Tombo nistenden, brüten in Kolonien. *Guano-, Felsen-* und *Königskormoran* bauen auf ebenem Gelände oder auf Felsen sowie auf Simsen einfache Nester aus Tang, den sie im Laufe der Zeit so stark mit ihrem Kot durchsetzen und überziehen, daß flache, an Baumstümpfe erinnernde Nester entstehen. Die Entfernung der einzelnen Nester voneinander ist oft nur so weit, wie der brütende Vogel mit dem Schnabel reicht. Somit ist auch das Brutterritorium der einzelnen Paare nicht größer als der Umkreis um das Nest, der mit dem Schnabel noch erreicht werden kann. Hat ein Kormoran sein Nest im Innern der Kolonie, so muß er häufig regelrecht Spießruten laufen, um zwischen den brütenden Artgenossen hindurch zu seinem Brutplatz zu gelangen.

Bei den vielen Gefahren, die durch nestplündernde Vogelarten drohen, hat sich das Brüten in Kolonien bewährt. So können die Bewohner einer Kolonie gemeinsam Angreifer attackieren und vertreiben, wie dies beispielsweise bei verschiedenen Möwen- und Seeschwalbenarten der Fall ist. Bei den dicht beieinander brütenden Kormoranen hat diese Konzentration zweifellos ebenfalls eine Schutzfunktion, zumal die Vögel im freien, ungeschützten Gelände ihre Nester anlegen müssen. Die „Macht der Gruppe" kann Angreifer fernhalten. Trotzdem werden etliche Kormoran-Nester durch Möwen geplündert. Dies geschieht vor allem dann, wenn der brütende Vogel das Gelege verläßt oder sich für einen Augenblick von den kleinen Jungen entfernt. Diese Momente nutzen *Blutschnabel-* und *Dominikanermöwen* sowie *Skuas* (Große Raubmöwen) geschickt aus, um zu plündern. Werden brütende und hudernde Kormorane von neugierigen Touristen oder verständnislosen Wanderern von ihren Nestern verscheucht, besteht die Gefahr, daß viele Bruten Nestplünderern zum Opfer fallen. Deshalb hält man heutzutage – so gut es geht – Besucher des Schutzgebietes Punta Tombo von den Brutplätzen der Kormorane fern.

Die häufigsten Kormorane in der Kolonie sind die *Königskormorane* mit ihren prächtig blauen Augenringen. Die deutlich kleineren schwarzhalsigen und weißbäuchigen *Felsenkormorane* stellen die zweithäufigste Art dar. Nur wenige Dutzend Paare umfaßt dagegen die Kolonie der *Guanokormorane,* die in ihrer Färbung an die Felsenkormorane erinnern, aber einen anders gezeichneten Kopf haben und deutlich größer sind.

In der Umgebung der Kormorankolonie kann man regelmäßig zwei Austernfischerarten beobachten: den *Schwarzen Austernfischer* und den *Amerikanischen Austernfischer.* Letzterer sieht der europäischen Art sehr ähnlich, während der andere ein völlig schwarzes Gefieder trägt.

Oben: Schwarzer Austernfischer. *Unten:* Ein Paar Patagonien-Dampfschiffenten.

Sowohl an der Küste als auch auf dem Meer lebt eine relativ große Entenart, die *Patagonien-Dampfschiffente.* Der Name kommt daher, weil die Vögel vor dem Auffliegen kräftig flügelschlagend über die Wasseroberfläche eilen und dadurch bis zu einem gewissen Grade an einen Raddampfer in Aktion erinnern. Neben dieser flugfähigen Art gibt es in Südamerika noch zwei flugunfähige Arten der Dampfschiffenten, von denen man in diesem Bereich aber nur eine gelegentlich antrifft.

Den an einen Albatros erinnernden *Riesensturmvogel* kann man am Strand von Punta Tombo regelmäßig beobachten, ab und zu sogar in größeren Gruppen. Bei einem Besuch im November zählten wir einmal über 40 Exemplare. Der Riesensturmvogel ernährt sich häufig von Tierkadavern, die er im Spülsaum findet oder von der Wasseroberfläche aufsammelt.

Ebenfalls von Kleintierkadavern ernährt sich der *Scheidenschnabel.* Dieser reinweiße Vogel, der fast wie eine Taube wirkt, ist ein Gast aus der Antarktis. An den Küsten Patagoniens kann man ihn regelmäßig beobachten. Nicht selten hält er sich in der Nähe von Seevogelkolonien auf, um dort auch das eine oder andere Gelege zu plündern.

Punta Tombo beherbergt heute die größte Kolonie von *Magellan-Pinguinen* an der patagonischen Küste. Ein Idyll, das eine heile Welt vortäuscht. Jedoch weit gefehlt!

Schon vor Jahren bestanden Pläne, aus den hier lebenden Pinguinen Pantoffeln und Handschuhe herzustellen. Diese Pläne konnten glücklicherweise verhindert werden, denn das Territorium der Brutkolonie wurde unter Schutz gestellt. Die Freude über diesen Erfolg des Naturschutzes war jedoch nur von kurzer Dauer: Anfang des Jahres 1982 wurden Naturfreunde in aller Welt durch Zeitungsmeldungen aus Argentinien aufgeschreckt. Geschäftemacher hatten gemeinsam mit einer argentinischen Fabrik beantragt, die geschützte Kolonie der Magellanpinguine auf dem Gebiet von Punta Tombo wirtschaftlich zu nutzen. Die Pläne sahen vor, jährlich 48000 Pinguine in der Kolonie abzufangen, und diese vornehmlich zu Leder und Proteinen zu verarbeiten. Die argentinische Regierung hatte jedoch offensichtlich Bedenken, da sie weltweite Proteste von Naturschutzverbänden befürchtete. Durch Telegramme und Schreiben von seiten zahlreicher Naturschutzvereinigungen gelang es, die Aktion zu verhindern.

Wir wissen jedoch nicht, ob die Interessenten an einem solchen Massenmord an Vögeln nicht doch noch einmal einen Versuch starten werden, ihre Pläne zu verwirklichen.

Es ist erschreckend, wenn man bedenkt, was das Einfangen von 48000 Pinguinen in der Brutkolonie bedeutet hätte! Abgesehen von der Tötung der kaum kontrollierbaren Zahl von Vögeln, hätte diese Aktion mit ziemlicher Sicherheit zur Zertörung dieses bedeutendsten Brutplatzes an der patagonischen Küste geführt. Magellanpinguine brüten nämlich hauptsächlich in selbstgegrabenen Höhlen. Das Erdreich im Kerngebiet der Kolonie ist daher wie ein Schweizer Käse durchlöchert. Die Fänger hätten das Höhlensystem zertrampeln müssen und dadurch unabsehbare Folgeschäden angerichtet. Beide Faktoren, Fang und Zerstörung der Brutplätze, hätten das Ende für ein Schutzgebiet bedeutet, das erst vor wenigen Jahren mühsam geschaffen worden war.

Zwar sind die Pinguine – zumindest vorläufig – auf dem Territorium der Brutkolonie geschützt. Außerhalb derselben sind die jedoch weiterhin durch die verabscheuungswürdigen Pläne skrupelloser Geschäftemacher bedroht.

Eine weit größere Gefahr, die nicht nur die Pinguine bedroht, ist die *Ölpest.* Öltanker, die auf hoher See Ballastwasser mit Ölresten abpumpen, sind in vielen Fällen die Verursacher solcher Katastrophen. Dazu kommen Tankerunfälle und ähnliche Havarien, deren Auswirkungen wir schon an den verschiedensten Stellen unserer Erde erleben

Ein Opfer der Ölpest: Magellanpinguin. – *Nächste Seite. Oben:* Blutschnabelmöwe trägt ein geraubtes Ei der Dominikanermöwe weg. *Unten:* Magellanpinguine im Schutzgebiet „Punta Tombo". – *Übernächste Seite:* Ein Paar Magellanpinguine.

mußten. Auf der Nahrungssuche befindliche Pinguine schwimmen weit aufs Meer hinaus und kommen dort mit Öl in Berührung, oder sie geraten beim Anlandgehen in die dort angeschwemmten Ölmassen und verschmutzen ihr Gefieder. Es verklebt und kann den Körper nicht mehr vor Nässe und Auskühlung schützen. Außerdem nehmen die Vögel beim Versuch, sich zu putzen, beträchtliche Mengen von Öl auf, das in den Verdauungstrakt gelangt und dort meist irreparable Schäden verursacht. Im allgemeinen sterben die Tiere einen langsamen, qualvollen Tod. Versuche, verölte Seevögel zu reinigen und zu retten, haben bisher nur in wenigen Fällen zu Erfolgen geführt. Wichtiger als neue Methoden zur Reinigung verölter Seevögel zu entwickeln, ist es zweifellos, endlich die Gefahr von Ölverschmutzungen zu bannen, d.h. solche zu verhindern.

Der Naturfreund ist erschüttert, wenn er sogar an menschenfernen Stränden Patagoniens Unmengen von toten, verölten Vögeln findet – Opfer der Ölpest. Diese Vogelleichen am Strand sind aber nur *ein* Zeichen für eine gefährliche Entwicklung, die im Gange ist und nicht zuletzt den Menschen bedroht. Er ist in zunehmendem Maße auf die Nutzung von Meeresorganismen angewiesen. Ich denke hier z.B. an die Fischerei sowie an die Verwendung von Meeresalgen.

Wir können das Rad der Entwickung nicht zurückdrehen. Auch wäre es töricht, sich grundsätzlich gegen technologische Fortschritte zu wehren. Ökologischen Notwendigkeiten muß aber gegenüber ökonomischen Forderungen der Vorzug gegeben werden!

Der Mensch hat die Natur von jeher genutzt und wird es auch weiterhin tun müssen, um überleben zu können. Dabei muß er jedoch äußerst behutsam vorgehen und seine Umwelt schonender behandeln als bisher, wenn er nicht seine eigene Lebensgrundlage vernichten will!

Oben: Wie ein Schweizer Käse ist der Boden von den Bruthöhlen der Magellanpinguine durchlöchert.
Unten: Ölpest und andere Verseuchungen des Meeres haben ihre Opfer gefordert. Der Strand ist mit Pinguinleichen übersät.

Am Humboldtstrom

Der *Humboldtstrom* ist eine Meeresströmung von kaltem Tiefenwasser, die, aus dem südöstlichen Pazifik kommend, von Mittelchile bis zum südlichen Ecuador an der Küste Südamerikas entlangführt. Er hat seinen Namen nach dem deutschen Naturforscher Alexander von Humboldt (1769–1859).

Große Teile der pazifischen Küstenbereiche Südamerikas sind Wüste. Lediglich in Flußmündungsgebieten oder auf künstlich bewässertem Gelände wachsen grüne Pflanzen und wird Landwirtschaft betrieben. Sonst leben auf dem sandigen Wüstenboden lediglich *Tillandsien* (Bromeliengewächse), die von den Einheimischen nicht selten ornamentartig an Hängen angepflanzt werden. Sie kommen mit der geringen Feuchte aus, die ihnen Nebelnässe im peruanischen Winter bringt. Richtiger Regen fällt hier so gut wie nie.

Schuld an diesen Klimaverhältnissen ist der kalte Humboldtstrom. Dieser kühlt das Oberflächenwasser stark ab. Das bewirkt wiederum, daß die darüber hinwegstreichende Luft sich ebenfalls abkühlt und keine Feuchtigkeit aufnehmen kann. Der vom Meer zur Küste blasende Wind ist daher trocken. Erst über dem Festland erwärmt sich die Luft wieder und kann Feuchtigkeit aufnehmen, die sie dann beim Aufsteigen in die Bergregionen der Anden wieder abgibt, so daß sich dort Wälder entwickeln konnten. Etwa zwischen Mai und Oktober („Südwinter") kommt es im Küstenbereich durch Inversion (Überlagerung kühler Luftschichten durch warme) zu Nebelbildungen. Dieser Nebel kann manchmal wochenlang anhalten und Feuchtigkeit in Form feinsten Sprühregens abgeben, der hier als *Garua* bezeichnet wird. Diese Garua ist für die Wüstenpflanzen die Lebensspenderin.

Die Vogelwelt der Küstenwüste ist dementsprechend arm. Abgesehen von verschiedenen Meeresvogelarten, die auch im küstennahen Binnenland zu beobachten sind, sieht man hier *Truthahngeier,* sowohl einzeln als auch in kleinen Trupps. Sie segeln mit leicht V-förmig hochgestellten Schwingen im Aufwind und suchen nach Abfällen und Aas. Bei Müllplätzen, vor allem in der Nähe von Ortschaften, kann man auch die schwarzen *Rabengeier* beobachten. Während diese – wie der Kondor – ihre Nahrung optisch finden, verfügen Truthahngeier über einen ausgeprägten Geruchssinn, der es ihnen ermöglicht, auch verstecktes Aas zu finden.

Lebhafter wird das Vogelleben in Ortschaften, landwirtschaftlichen Kulturen und in Flußmündungsbereichen. Neben den aus Europa eingeführten *Haussperlingen* sind *Perutäubchen, Blaurücken-* und *Höhlenschwalben* zu beobachten. Wo es Gärten, Parks und Kulturen, z. B. Bananenplantagen oder Viehweiden, gibt, trifft man die *Langschwanz-Spottdrossel,* die sich gern auf Leitungsdrähten an der Straße setzt. Außerdem kann man hier einige Kolibriarten beobachten, unter denen der winzige, aber sehr langschwänzige *Cora-Kolibri* und der *Küstenkolibri* oder die *Rotbraune Amazilia* besonders auffallen. Häufig hört man den melodischen Gesang des *Chingolo,* einer Singammer, die in Südamerika weit verbreitet ist und durch ein aufrichtbares Häubchen sowie ein rotbraunes Genickband gekennzeichnet ist.

Guano-Tölpel. – *Nächste Seite. Oben:* Im Küstenbereich Perus: Wüste, soweit das Auge reicht! *Unten:* Steilküste der Halbinsel Paracas. Hier rasten unter anderem Kondore. – *Übernächste Seite. Oben:* Der „Kandelaber", ein Scharrbild im Wüstensand. *Unten:* Küstenkolibri (Rotbraune Amazilia).

Auf Viehweiden leben die schwarzen, langschwänzigen *Riefenschnabel-Anis,* die nicht selten Insekten von Weidevieh ablesen. Die Peruaner nennen sie daher *Guardacaballos,* was auf deutsch *Pferdewärter* heißt. Außerdem treiben sich dort nach Art unserer Stare die blauschwarz glänzenden *Seiden-Kuhstärlinge,* deren Weibchen unscheinbar graubraun gefärbt sind, in Trupps herum. Besonders hübsch ist der *Rubintyrann,* der – wie bereits erwähnt – eine konvergente Erscheinung zu den altweltlichen Fliegenschnäppern darstellt. Wir haben das Thema Konvergenz bereits an anderer Stelle besprochen.

Ist zwar die Zahl der Landvögel nur gering, so herrscht dafür auf dem Meer und im Küstenbereich ein vielfältiges Vogelleben. Dazu trägt wiederum der Humboldtstrom bei.

Diese Strömung von kaltem Tiefenwasser hat eine gewaltige Bioproduktion zur Folge. Kalte Meere sind ja bekanntlich ungewöhnlich reich an Kleinlebewesen, die ihrerseits wieder eine wichtige Ernährungsgrundlage für Fischschwärme bilden. So ist also auch das durch den Humboldtstrom abgekühlte Meer enorm fischreich. Große Bedeutung haben die riesigen Schwärme der hier vorkommenden *Anchovetas,* kleiner sardellenartiger Fische. Von diesen ernähren sich die gewaltigen Ansammlungen von Meeresvögeln, die vor allem auf den der Küste vorgelagerten Inseln brüten. Aber auch flache Wasserzonen in Buchten weisen bei Ebbe, zumindest im „Südsommer“, reiches Vogelleben auf. Hier rasten Durchzügler und Wintergäste aus Nordamerika. Unter diesen ist der *Sanderling,* eine hochnordische Limikolenart, die wir auch an den europäischen Küsten beobachten können, besonders zahlreich. *Chileflamingos* sammeln sich im Südsommer an solchen Stellen in größerer Zahl, um sich von den im warmen Flachwasser lebenden Kleinlebewesen zu ernähren.

Ein regelmäßiger Gast an der Küste ist der *Regenbrachvogel.* Man sieht ihn meist einzeln. Seine Brutheimat liegt in den arktischen Regionen der Nordhalbkugel.

Besonders eindrucksvoll ist vor allem um die Weihnachtszeit die große Ansammlung von *Fischadlern* an bestimmten Stellen der Küste. Diese Wintergäste aus dem Norden jagen hier und fliegen mit ihrer Beute einige hundert Meter weit in die Wüste, um die Fische auf Steinen oder Leitungsmasten zu verzehren. Ein ungewöhnliches Bild: Fischadler in der Wüste! Bei einem Besuch der Halbinsel Paracas im Dezember/Januar 1978/79 konnten wir in einer Bucht gleichzeitig über vierzig Fischadler beobachten, die, gegen einen starken Wind ankämpfend, über dem Wasser standen und im Sturzflug fischten. Den Naturfreund muß es mit Wehmut erfüllen, wenn er daran denkt, daß diese prächtige Vogelart in Mitteleuropa nahezu ausgerottet ist!

Möwen und Seeschwalben sind zahlreich vertreten. Neben der hier als Brutvogel vorkommenden *Simeonsmöwe* sind vor allem *Franklin-* und *Graukopfmöwe* zu nennen.

Wenn auf der Nordhalbkugel Winter ist, dann ist die Franklin-Möwe die häufigste Möwenart an der peruanischen Küste. Von den hier überwinternden Seeschwalben sind vor allem *Brand-, Große* und *Kleine Königs-Seeschwalbe* sowie *Brandseeschwalbe* zu nennen. Die zierliche *Peru-Seeschwalbe* und die *Inka-Seeschwalbe* sind Brutvögel an der Küste. Letztere trifft man regelmäßig an höheren Meeresklippen an, wo sie in Nischen nistet. Auch gehört sie zu den charakteristischen Vogelarten der Guanoinseln, wo sie sich ebenfalls an ins Meer abfallenden Klippen aufhält.

Die Inka-Seeschwalbe gehört zweifellos zu den schönsten Seeschwalben der Erde. Das Lackrot des Schnabels kontrastiert mit dem dunklen Schiefergrau des Gefieders und dem weißen „Schnurrbart“ sowie mit einem nackten, gelben Fleck am Schnabelgrund.

An wenigen entlegenen Stellen der Steilküste von der Halbinsel *Paracas* kommen Kondore vor. Meist handelt es sich dabei um solche Exemplare, die nach der Brutzeit aus den Anden an die Küste kommen, um sich hier von gestrandeten Walen und toten Robben zu ernähren. Es sieht aber so aus, als hielten sich wenige Kondore das ganze Jahr über in bestimmten Küstenbereichen auf, so daß die Möglichkeit nicht ausgeschlossen werden kann, daß diese Vögel – zumindest ab und zu – hier auch brüten. Die Beobachtung eines balzenden Paares aus den letzten Jahren spricht für diese Annahme. Auch sollen in früherer Zeit vereinzelt Bruten im chilenisch-peruanischen Küstenbereich beobachtet worden sein.

Die ornithologisch eindrucksvollsten Punkte im Bereich des Humboldtstroms in Peru sind zweifellos die *Guanoinseln*. Diese „Islas guaneras" liegen vor den Küsten von Chile und Peru. Es sind vegetationslose Felseninseln, auf denen Hunderttausende, manchmal sogar Millionen von Meeresvögeln nisten. Da es nie richtig regnet, konnten sich die Ausscheidungen dieser Vögel im Laufe der Zeit in z. T. meterdicken Lagen ansammeln. Dieser Guano wird bereits seit mindestens 2000 Jahren als Dünger abgebaut. Heute existiert eine staatliche Industrie, die Guano in alle Welt exportiert: das „Weiße Gold" Perus.

Während seiner Reise hat Charles Darwin die Guanoinseln offensichtlich kaum beachtet. Vermutlich liegt dies daran, daß er mit dem Schiff „Beagle" zu einer ungünstigen Zeit, d. h. im Südwinter, in diesen Regionen weilte. So schrieb er am 19. Juli 1835 in sein Tagebuch: *„Wir ankerten in der Bucht von Callao, die den Hafen von Lima, der Hauptstadt von Peru, bildet. Wir blieben hier 6 Wochen, aber wegen des unruhigen politischen Zustandes sah ich wenig vom Lande. Während unseres ganzen Aufenthaltes war das Klima keineswegs so angenehm, als man gewöhnlich annimmt. Eine schwere, dunkle Wolkenschicht hing beständig über dem Lande, so daß ich während der ersten 16 Tage nur einmal die Kordillere hinter Lima zu Gesicht bekam. . . . Dieser Zustand der Dinge herrschte in einer für mich sehr ungünstigen Zeit, da ich meine Ausflüge auf die Nähe der Stadt beschränken mußte. Die Wüsteninsel San Lorenzo, die den Hafen bildet, war fast der einzige Platz, wo man in Sicherheit sich bewegen konnte."* – Aber auch ohne die durch politische Verhältnisse hervorgerufenen Beschränkungen für Exkursionen hätte Darwin zu dieser Jahreszeit (Südwinter!) auf den Guanoinseln nicht die riesigen Vogelmassen antreffen können, die sonst zur Brutzeit dort leben.

Die wichtigsten Guanoproduzenten auf den peruanischen Felseninseln sind *Guanokormoran, Guanotölpel* und *Meerespelikan.* Hinzu kommen noch *Buntkormoran* und *Humboldtpinguin* als weitere Guanoproduzenten.

Der Meerespelikan an der peruanisch-chilenischen Küste unterscheidet sich von dem auf Galapagos oder in der Karibik lebenden dadurch, daß sein Hinterhals im Brutkleid schwarz und nicht braun gefärbt ist. Er wird deshalb von manchen Ornithologen als besondere Art angesehen. Seine Lebensweise ähnelt jedoch der braunhalsigen Form. Auch er erbeutet seine Nahrung stoßtauchend. Auf den kahlen Guanoinseln brütet er kolonieweise auf dem Boden und produziert hier beachtliche Mengen an Guano.

Wenn auch Guano heute nicht mehr ganz so wertvoll ist, wie vor der Erfindung künstlicher Düngemittel, so steht er dennoch relativ hoch im Kurs. Es ist daher verständlich, daß man aus wirtschaftlichen Erwägungen heraus die Guanoproduzenten, d. h. die Seevögel, an ihren Brutplätzen schützt. Gebietsweise hat man sogar Nistplatzformen für sie angelegt, um die Zahl der Brutpaare zu steigern. Außerdem sorgt man dafür, daß die Vögel nicht gestört werden. Die Guano-Gesellschaft hat außerdem auf allen wichtigen Inseln Wärter stationiert, die unter anderem darauf zu achten haben, daß sie kein Unbefugter betritt. Grundsätzlich ist Fremden der Besuch auf den großen Guanoinseln verboten. Man betreibt also Vogelschutz als Wirtschaftsfaktor.

Dank dem freundlichen Entgegenkommen des zuständigen Ministeriums in Lima hatte

Nächste Seite. Oben: Scharen von Meerespelikanen und Chileflamingos in einer Bucht an der peruanischen Küste. *Unten:* Nest des Küstenkolibris mit Jungvogel. – *Übernächste Seite. Oben:* Startende Chileflamingos. Man beachte die roten Fersengelenke. *Unten:* Chileflamingos und Brasilscharben vor der Küstenwüste Perus.

ich die Erlaubnis bekommen, einige Guanoinseln zu besuchen. Die wichtigste von diesen war *Chincha Norte*. Diese Insel liegt etwa 20 km vor der peruanischen Küste. Auf ihr brüteten im Dezember 1978 nach Aussagen des Wärters ca. 800000 Vögel. Die Hauptmasse bildeten Guanotölpel, die eine riesige Fläche in der Mitte der Insel bedeckten und außerdem in den Steilabbrüchen zum Meer nisteten, wo sich auch zahlreiche Inka-Seeschwalben und Buntkormorane befanden. Guanokormorane waren nur relativ wenige zu sehen, dafür aber viele Meerespelikane. Vergleicht man z. B. Photos, die Heinz Sielmann vor über einem Jahrzehnt auf den Guanoinseln gemacht hat, mit meinen, so fällt bei jenen das Fehlen der Masse von Guano-Kormoranen auf, während die Tölpel damals nicht so das Bild beherrschten und vor allem mehr auf Klippen als im ebenen Gelände brüteten.

Schuld an dieser Veränderung ist wiederum in erster Linie der Humboldtstrom. Während des Südsommers läßt in manchen Jahren die kalte Strömung des Humboldstroms nach und wird durch wärmeres Wasser aus dem Norden ersetzt. Solche Jahre nennt man *Niño-Jahre*. „Niño" ist ein spanisches Wort und bedeutet „Kind". Die warme Strömung aus dem Norden wird deshalb so genannt, weil sie vor allem um die Weihnachtszeit herum, in der das Jesuskind geboren wurde, besonders wirksam ist. Das letzte sehr starke „Niño-Jahr" war 1972. Durch das Ausbleiben des kalten Tiefenwassers des Humboldtstroms verringerte sich das Nahrungsangebot für die fischfressenden Vogelarten enorm. Dazu kam noch, daß man durch Abfischen der Anchoveta-Schwärme versuchte, künstlichen Guano in Fabriken zu erzeugen. Dadurch wurde die an sich schon knappe Nahrung weiter reduziert. Fischfressende Vogelarten verhungerten zu Millionen. Noch 1977 und 1978 war der Strand in manchen Buchten Mittelperus dick mit Skelettresten von Meeresvögeln bedeckt. 1972 verhungerte unter anderem ein hoher Prozentsatz der hier vorkommenden Guanokormorane. Offensichtlich litten die Guanotölpel und Meerespelikane nicht ganz so stark wie die Kormorane, da sie bessere Flieger sind und in einem wesentlich weiteren Umkreis nach Nahrung suchen konnten.

Die Guanovögel und ihre Nahrungstiere bilden einen Ernährungskreislauf: Auf ihren Jagdflügen lassen Tölpel, Kormorane, Pelikane usw. Ausscheidungen ins Meer fallen. Diese, sowie auch Kadaver von Meeresvögeln, werden von den zahllosen Kleinlebewesen des Humboldtstroms verzehrt, die ihrerseits wieder Fischen, besonders den Anchovetas, als Nahrung dienen. Letztere werden dann von den Guanovögeln erbeutet, die ihre Stoffwechsel-Endprodukte sowohl auf den Guanoinseln, als auch ins Wasser fallen lassen. Der Kreislauf ist somit geschlossen. Das Beispiel soll zeigen, wie Räuber und Beutetiere in einem bestimmten Ökosystem voneinander abhängig sind.

Seit dem, in erster Linie durch menschliche Eingriffe in diesen Kreislauf bedingten, großen Vogelsterben von 1972 hat sich die Situation wieder etwas gebessert. Vor allem die Guanotölpel haben sich im Bestand erholt. Guanokormorane, die einst die Hauptmasse der Guanovögel bildeten, kommen in ihrer Häufigkeit jetzt erst nach den Tölpeln und den Pelikanen.

Glücklicherweise hat man in Peru eingesehen, daß der auf natürliche Weise produzierte Guano immer noch der billigste ist. Im Hafen von *Pisco* rosten mittlerweile die Fischdampfer vor sich hin. So bleibt zu hoffen, daß sich auch der Bestand der Guanokormorane bis zum nächsten „Niño-Jahr" wieder erholen möge!

Wir weichen nun von Darwins Route ab und reisen in die zentralen Anden von Peru. Unser Ziel ist die sagenumwobene Inkastadt *Machu Picchu*.

Die Reise nach Machu Picchu beginnt in *Cuzco*, der rund 3500 Meter hochgelegenen

Oben: Ein Gast aus der Arktis: Regenbrachvogel. *Unten:* Meerespelikane. – *Nächste Seite. Oben:* Die Simeonsmöwe brütet an der peruanischen Küste. *Unten:* Verladerampe an der Guanoinsel „Chincha Norte". – *Übernächste Seite. Oben:* Inka-Seeschwalben. *Unten:* Brutkolonie von Tausenden von Guanotölpeln.

alten Hauptstadt der Inkas. Cuzco hat heute etwa 150000 Einwohner. Wie viele Städte Perus so hat auch diese von jeher unter den häufigen Erdbeben zu leiden gehabt. Interessanterweise halten die Grundmauern aus der Zeit der Inkas und davor den Erdbeben viel besser Stand als die von spanischen Eroberern oder deren Nachfahren darauf errichteten Bauwerke. Einmalige Zeugen dieser Baukunst sind beispielsweise die Ruinen von *Sacsayhuaman* und *Kenko* oberhalb der Stadt Cuzco.

Über die Stadt Cuzco erzählt die Sage der Indios, daß einst die Kinder des Sonnengottes, Manco Capac und seine Schwester Mama Ocllo, vom Titicacasee bis in die Gegend von Cuzco wanderten. Der goldene Stab, den ihnen der Sonnengott gegeben hatte, bezeichnete ihnen die Stelle, an der sie die Hauptstadt eines neuen Reiches zu gründen hatten. Die Stadt wuchs, wurde prachtvoller und großartiger von Herrscher zu Herrscher. Am 15. November 1533 marschierte Francisco Pizarro in Cuzco ein. Barbaren aus Europa begannen ihr zerstörerisches Werk – angeblich im Zeichen des Kreuzes!

Im Raum Cuzco, sowie vielerorts in den Anden, ist das *Lama* ein häufiges Haustier. Es ist Lieferant für Wolle und Milch und außerdem ein kräftiges und geduldiges Tragtier. Man sieht diese Tiere häufig wie Schafe in kleinen Herden umherziehen oder als beladene Karawane an steilen Berghängen auf schmalen Pfaden entlangwandern.

Das Lama wie auch das etwas kleinere und wolligere *Alpaca* sind Zuchtformen des *Guanaco,* einer der beiden wildlebenden südamerikanischen Kamelarten. Heute kann man Guanacos nur noch lokal im Andenraum beobachten. Noch seltener ist das etwas kleinere *Vicuña.* Letzteres wurde hauptsächlich wegen seiner feinen Wolle nahezu ausgerottet. Vor allem die Zoologische Gesellschaft Frankfurt von 1858 hat sich besonders für den Schutz dieser zierlichen Kamelart eingesetzt. In einigen Reservaten leben und vermehren sich nun wilde Vicuñas unter gesetzlichem Schutz. In Peru ist vor allem das Reservat *Pampa Galeras* zu nennen, ein staatliches Schutzgebiet. Obwohl Vicuñas auch außerhalb von Schutzgebieten unter gesetzlichem Schutz stehen, ist der Wildbestand extrem bedroht. Das Washingtoner Artenschutzübereinkommen verbietet zwar den Handel mit diesen Tieren und allen daraus verarbeiteten Teilen, aber dennoch werden immer wieder Vicuñas gewildert, weil für ihr Fell und ihre Wolle hohe Summen gezahlt werden.

Das Guanaco ist zwar noch häufiger, muß aber ebenfalls als gefährdet angesehen werden. Die Bestände dieser Art wurden in den vergangenen Jahrzehnten vor allem durch Bejagung sehr stark dezimiert.

Charles Darwin schrieb über das Guanaco in sein Tagebuch: *„Das Guanaco oder wilde Lama ist der südamerikanische Repräsentant des orientalischen Kamels. Im Naturzustand ist es ein elegantes Tier mit langem, schlankem Hals und zierlichen Beinen. Es lebt meist in kleinen Herden von einem Dutzend bis zu dreißig zusammen; aber wir sahen auch eine Herde, die wenigstens 500 enthalten haben muß.“*

Um Guanacos in den Anden zu beobachten, braucht man heutzutage viel Geduld und natürlich auch ein bißchen Glück. Etwas einfacher ist es im südlichen Argentinien, wo auch Darwin die meisten Guanacos beobachtete.

Um nach Machu Picchu zu reisen, besteigt man heutzutage in Cuzco den Zug, der zunächst in Spitzkehren auf eine Hochfläche führt, auf der in großem Maßstab Kartoffelanbau betrieben wird. Die Kartoffel stammt ja bekanntlich aus diesem Raum Südamerikas und wurde von da aus nach Europa gebracht. Sie stellt für die Bergbewohner das wichtigste Nahrungsmittel dar.

Die Hochfläche senkt sich langsam zu dem weiten *Anta-Tal,* das sich allmählich verengt und schließlich in das schmale, tief eingeschnittene *Urubamba-Tal* mündet. Der Urubamba

Oben: Páramo-Cinclodes, ein Verwandter des Töpfervogels, der tunnelartige Bruthöhlen gräbt. *Unten:* Páramo-Stummelfußfrosch. Er lebt in der Páramozone. – *Nächste Seite:* Cuzco, die alte Hauptstadt des Inkareiches. – *Übernächste Seite:* Alter Indio in Stammestracht. Maskerade für die Touristen.

ist ein reißender Gebirgsbach, an dem man regelmäßig *Sturzbachenten* beobachten kann. Diese Vögel nisten in Spalten und Nischen am Ufer. Sie setzen sich gern auf aus dem Wasser ragende Felsbrocken und sind dadurch bereits aus größerer Entfernung zu sehen. Sturzbachenten schwimmen geschickt und tauchen selbst in den wildesten Stromschnellen nach Nahrung, die aus kleinen Fischen, Insektenlarven und Würmern besteht. Sturzbachenten teilen ihren Lebensraum mit der *Weißkopf-Wasseramsel,* die mit unserer Wasseramsel verwandt ist und sich wie diese auf wasserumflossene Steine setzt. Aufgescheucht, folgt sie mit schwirrenden Flügelschlägen niedrig dem Lauf des Baches.

Der Urubamba umfließt ein Bergmassiv, auf dessen Hochfläche die sagenumwobene Stadt Machu Picchu liegt. Von der Bahnstation am Fluß windet sich ein Fahrweg den Hang hinauf zu der etwa 500 Meter höher gelegenen Ruinenstadt. „Machu Picchu" ist ketschua und bedeutet in dieser regionalen Indiosprache, die zur Zeit der Inkas auch Amtssprache gewesen ist, „Alter Berg". Die Stadt wurde von den spanischen Eroberern nie entdeckt. Ihre Einwohner starben allmählich aus, und der Dschungel verschlang die Siedlung.

Wie die Stadt wirklich hieß, weiß niemand. Man nennt sie „Machu Picchu" nach dem Berggipfel, zu dessen Füßen sie liegt; d. h. sie erstreckt sich auf einer Hochfläche vom Machu zum Huayna Picchu (Junger Berg), der als steiles Felsmassiv auf vielen Fotos im Hintergrund der Ruinenstadt zu sehen ist und eine malerische Kulisse bildet. Die meisten Bauwerke sind sehr gut erhalten, es fehlen lediglich die Dächer. Besonders auffallend sind ein Turm, ein auf einer Anhöhe liegender Bau, der vielfach als Observatorium gedeutet wird, sowie eine lange Treppe aus steinernen Stufen, die höhergelegene Teile der Stadt mit tiefergelegenen in gerader Linie verbindet. Da die Stadt auf einem vom tief eingeschnittenen Urubambatal fast ganz umschlossenen Bergsattel liegt, war sie von unten nicht zu sehen. Welche Bedeutung die Siedlung hatte, wissen wir nicht. Besonders rätselhaft ist auch die Tatsache, daß etwa zehnmal so viele Skelette und Mumien von weiblichen Wesen, meist jüngeren Frauen, gefunden wurden als von Männern.

Machu Picchu, diese Stadt hat Charles Darwin nie gesehen. Sie wurde erst 1911 durch den Amerikaner Hiram Bingham entdeckt. Funde und Baustil lassen vermuten, daß die Stadt in der Mitte des 15. Jahrhunderts erbaut wurde. War sie der geheimnisvolle Hort der Sonnenjungfrauen? Wurde hier der große Schatz der Inkas aufbewahrt? War Machu Picchu der nie gefundene Zufluchtsort der letzten Inkas? Spekulationen und viele Theorien umranken diese Ruinenstadt wie einstmals der Dschungel.

Früh morgens oder gegen Abend, d. h. wenn keine Touristenmassen umherwandern, trifft man zwischen den Ruinen possierliche kaninchengroße Tiere. Es sind *Vizcachas,* auch *Hasenmäuse* genannt. Sie stehen verwandtschaftlich den Meerschweinchen nahe, die ja in Südamerika sehr weit verbreitet sind. Vizcacha ist in Südamerika ein Sammelbegriff, unter dem sich mehrere Arten verbergen. Die Art, die in Machu Picchu lebt, ist ein Vertreter der Gattung *Lagidium.* Der Vizcacha ähnelt auf den ersten Blick durch sein weiches Fell und die langen Ohren einem Kaninchen, hat aber einen buschigen Schwanz, der an den eines Eichhörnchens erinnert. Diese Vizcachas leben hier in Fels- und Mauerspalten und ernähren sich von pflanzlicher Kost. Wie Meerschweinchen, so werden sie in vielen Gebieten Südamerikas gejagt. Ihr Fleisch soll ähnlich schmecken wie das von Kaninchen. Darüber hinaus haben diese Tiere ein sehr wolliges Fell, dessen Wolle allerdings nicht so wertvoll ist wie die der verwandten *Chinchillas,* die in höheren Regionen der Anden leben.

Wer seine Aufmerksamkeit nicht ausschließlich auf die Ruinenstadt richtet, der hat in Machu Picchu die Möglichkeit, hin und wieder einen vorübersegelnden *Kondor* zu sehen. Ansonsten sind *Truthahn-* und *Rabengeier* regelmäßig zu beobachten. Sie versammeln sich

Tief eingeschnitten ist das Tal des Urubamba. – *Nächste Seite. Oben:* Die sagenumwobene Ruinenstadt „Machu Picchu". *Unten:* In den Ruinen von Machu Picchu leben unter anderem Hasenmäuse. – *Übernächste Seite. Oben:* Lamas sind wichtige Haustiere der Bergbewohner. *Unten:* Truthahngeier schüchtern Konkurrenten durch blitzschnelles Zeigen heller Abzeichen, hier die Unterseite der Schwingen, ein.

gern an solchen Stellen, an denen genießbare Abfälle weggeworfen werden. Zu ihnen gesellt sich dann meist auch der Caranchofalke, über den ich im Zusammenhang mit den Beobachtungen am Kondor berichtet habe. Wie wir aus diesen Untersuchungen wissen, sind Neuweltgeier als konvergente Entwicklung zu den Geiern der Alten Welt zu betrachten und keineswegs mit diesen, sondern mit Störchen verwandt. Es ist daher interessant festzustellen, daß sich auch gewisse Verhaltensweisen konvergent zu denen der Altweltgeier entwickelt haben. Letztere zeigen beim Kampf um die Rangfolge unter anderem weiße oder hell gefärbte Gefiederpartien, um dadurch die Gegner einzuschüchtern. Ähnliches kann man bei Neuweltgeiern beobachten. Rabengeier breiten ihre Flügel aus, so daß im Bereich der Handschwingen eine weiße Zone sichtbar wird. Truthahngeier lüften ihre Schwingen, um die silbrigglänzende Unterseite der Flügel zur Schau zu stellen. Auch die Geierfalken, zu denen der Carancho gehört, also echte Greifvögel, zeigen bei Auseinandersetzungen mit Rivalen am Fraßplatz weiße Zonen in den Handschwingen sowie im Schwanz.

Diese konvergente, sich angleichende Entwicklung bestimmter Verhaltensweisen ist als ökologische Anpassung an eine bestimmte Lebensweise zu betrachten. Wie wir sehen, erstreckt sich diese Anpassung nicht nur auf die Ausbildung äußerer Merkmale, sondern auch auf die Entwicklung von Verhaltensweisen, die sich bei Auseinandersetzungen am Futterplatz als „zweckmäßig" erwiesen haben.

Von den Vogelarten, die man in der Umgebung von Machu Picchu beobachten kann – vor allem in den Hangwäldern hinab zum Urubamba – möchte ich die *Faulvögel* hervorheben. Diese gehören einer besonderen Familie an, den *Bucconidae.*

Der Name „Faulvogel" beruht auf dem Verhalten dieser Vögel. Sie sitzen häufig lange Zeit auf einer Warte, d. h. auf einem Zweig oder Leitungsdraht. Dabei machen sie den Eindruck, als ob sie dösten. Von dieser Warte aus vollführen sie aber „Flugsprünge" nach vorüberfliegenden größeren Insekten. Sie sind also gar nicht so behäbig und träge, wie man bei flüchtiger Beobachtung annehmen könnte. Manche Arten vertrauen beim Ansitz auch auf ihre Schutzfärbung und lassen den sie beobachtenden Menschen oft recht nahe herankommen, ehe sie abfliegen.

Von den Faulvögeln konnten wir bei Machu Picchu sehr schön den *Riesen-Faulvogel* beobachten, einen fast taubengroßen schwarzweiß gefärbten Vogel, dessen Sitzplatz ein über den Urubamba gezogenes Kabel war. Dort verharrte er lange Zeit und machte aus der Ferne den Eindruck eines auf seiner Warte sitzenden Eisvogels. Weniger auffällig gezeichnet sind zwei kleinere Faulvogelarten, die ich mehrfach im nördlichen Argentinien beobachten konnte: der *Flecken-* und der *Chacuru-Faulvogel.* Wie die meisten Faulvögel, so haben auch diese einen kräftigen verlängerten Schnabel, der eine gewisse Ähnlichkeit mit dem eines Eisvogels hat. Die nächsten Verwandten der Faulvögel sind jedoch die Spechte. Wie diese brüten sie in Höhlen in Böschungen, Bäumen oder in verlassenen Nestern von Baumtermiten.

Wir wollen jedoch die Anden noch nicht verlassen und wählen als nächsten Schauplatz die *Páramo-Landschaft* am Fuße des *Cotopaxi* in Ecuador.

Der rund 6000 Meter hohe Cotopaxi ist der höchste noch tätige Vulkan unserer Erde. Die Landschaft am Fuß des Berges, d. h. die Hochlagen ungefähr über 4000 Meter, nennt man im nördlichen Andenraum *Páramo,* während entsprechende Regionen im zentralen und südlichen Andenraum *Puna* heißen.

Die Páramo-Region am Cotopaxi ist eine grasbedeckte Mattenlandschaft mit wenigen Büschen oder Buschgruppen. Während tagsüber die Temperatur auf über 20 Grad

Oben: Páramo, am Fuße des Cotopaxi in Ecuador, ca. 4000 m über dem Meeresspiegel. Ein Hagelsturm hat kurzfristig den Boden mit Eis bedeckt. Hier lebt der Andenkolibri, der selbst bei solcher Witterung die Blüten der spärlichen Chuquiragua-Büsche aufsucht. *Unten:* Páramolandschaft in den Anden Ecuadors. Hier laichen Stummelfußfrösche.

ansteigen kann, fällt sie nachts nicht selten weit unter den Gefrierpunkt. Dazu kommt es hier häufig zu Wetterstürzen, wie sie auch aus anderen Hochgebirgen bekannt sind. Darwin bemerkte in seinem Tagebuch: *„Die Temperatur muß beträchtlich unter dem Gefrierpunkt gewesen sein, denn Wasser in einem Gefäß wurde in kurzer Zeit zu einem Eisblock. Kleider schienen der Luft kein Hindernis entgegen zu setzen. Ich litt sehr an der Kälte, so daß ich nicht schlafen konnte."*

Ähnliche Erfahrungen machten auch wir beim Kampieren am Fuße des Cotopaxi während eines Unwetters mit gewaltigem Hagelschlag.

In diesem rauhen Klima des ecuadorianischen Páramo leben noch Amphibien. Von diesen möchte ich den hier relativ häufigen *Páramo-Stummelfuß* erwähnen. Dieser Frosch ist etwa so groß wie eine Unke und oberseits einheitlich schwarz gefärbt, der Bauch dagegen leuchtet kräftig orangerot. Diese Stummelfüße leben an feuchten Stellen dieser Mattenlandschaft in Erdlöchern. Wenn die Sonne den Boden einigermaßen erwärmt hat, laufen sie umher. Auch hört man dann die knurrenden Rufe der Männchen. Wenn es dunkel wird und die Umgebungstemperatur absinkt, ziehen sich die Tiere in Spalten und Erdlöcher zurück, um die nächtliche Frostperiode überstehen zu können. Tagsüber „tanken" diese krötenähnlichen Tiere sehr viel Sonnenwärme auf, wobei die Schwarzfärbung ihrer Oberseite diesem Vorhaben sehr zustatten kommt. Wieder ein Beispiel hervorragender Anpassung an extreme Lebensbedingungen.

Der Páramo-Stummelfuß ist bezüglich seiner Ernährung vor allem an Beutetiere angepaßt, die ständig in seinem Lebensraum vorkommen: an Ameisen.

Aus der Vogelwelt ist der *Anden-Kolibri* als ein anderes Beispiel für eine solche Anpassung zu nennen. Wir haben ihn im Kapitel über den Kondor bereits behandelt. Es ist beeindruckend, nach einem Hagelsturm, der den Boden zentimeterdick mit Eiskörnern bedeckt hat, diese kleinen Vögel umherschwirren und an den strohblumenartigen Blüten der Chuquiragua-Büsche Nahrung aufnehmen zu sehen.

Die Anden in ihrem nördlichen Bereich stellen den Lebensraum für die letzten *Bergtapire* und *Brillenbären* dar, deren Bestand durch Verfolgung in bedrohlicher Weise dezimiert wurde. Das Wahingtoner Artenschutz-Übereinkommen zählt beide Arten in Liste 1 auf, d.h. der Handel mit ihnen ist grundsätzlich verboten. Dieses Gesetz kann allerdings nicht verhindern, daß Brillenbären und Bergtapire in ihrer Heimat weiterhin illegal verfolgt und getötet werden.

Die in der Mattenlandschaft des ecuadorianischen Páramo weidenden Rinder bilden – ähnlich wie in vergleichbaren Landschaften von Peru und Argentinien – die Nahrungsgrundlage für die hier lebenden Kondore. Wie wir wissen, sind Kondore Aasfresser, die keine lebenden Rinder angreifen. Es verunglücken aber ständig einzelne Tiere, vor allem Kälber, die dann diese riesigen „Totengräber", im Verein mit anderen aasfressenden Tieren, verzehren. Die Probleme um den Schutz des Kondors sind ähnlich wie im übrigen Andenbereich.

Der Westabhang der Anden ist mit Nebel- und Regenwäldern bewachsen. Diese sind jedoch stark durch menschliche Eingriffe beeinträchtigt. Rücksichtslos werden Pisten in den Wald geschlagen, wird der Boden mit Bulldozern eingeebnet. Wenn man bedenkt, was hier an einem Arbeitstag an Natur und an Lebewesen vernichtet wird; werden doch nach Hochrechnungen pro Minute 21 Hektar Regenwald auf unserer Erde abgeholzt! Jeder realistisch denkende Mensch muß da erkennen, daß es einer Illusion gleichkäme, zu glauben, man könne allein mit Bestimmungen zum Schutz von Individuen der hier lebenden Tier- und Pflanzenarten viel erreichen. Wenn es nicht gelingt, weltweit natürliche Lebens-

Viele Colorados malen sich schwarze Streifen ins Gesicht und auf den Körper. Hier als touristische Maskerade.

räume zu erhalten, so werden viele Arten auch dann aussterben, wenn sie selbst streng geschützt sind. Leider wird der Begriff „Artenschutz“ vielfach mit Individuenschutz verwechselt, was allzuoft zu falschen Vorstellungen und Schlußfolgerungen führt. Ich will damit gewiß nicht sagen, die erwähnten Bestimmungen seien zwecklos! Sie haben heutzutage zweifellos große Bedeutung. Allerdings dürfen sie nicht isoliert stehen. In Verbindung mit Lebensraumschutz sind sie – vor allem im Hinblick auf viele Vogel-, Säugetier- und Kriechtierarten – von enormer Wichtigkeit. Ich denke hier in erster Linie an die Verbote und Vorschriften für den Handel mit selten gewordenen Arten, wie sie in dem Washingtoner Artenschutz-Übereinkommen enthalten sind. Man darf nicht vergessen, daß ein solcher gesetzlicher Schutz lediglich eine Zusatzfunktion hat; d. h. mit seiner Hilfe kann man vom Aussterben bedrohte Arten nur dann retten, wenn ihnen gleichzeitig ein entsprechender Lebensraum erhalten wird. In diesem Zusammenhang möchte ich darauf hinweisen, daß es eine moralische Pflicht der wohlhabenden Industrienationen ist, den Ländern der sogenannten „Dritten Welt“ aktiv zu helfen, natürliche Lebensräume zu erhalten, statt durch vielfach falsch verstandene „Entwicklungshilfe“ solche zu vernichten! Wirkungsvoller Artenschutz kann demnach nur dann betrieben werden, wenn neben den gesetzlichen Bestimmungen vor allem der Schutz entsprechender Lebensräume gewährleistet ist. Diese Feststellung gilt für den Naturschutz in allen Regionen unserer Erde.

Wir müssen aufhören, die letzten verbliebenen Naturlandschaften als noch auszubeutende Rohstoffquellen zu betrachten, bzw. sie als „zu erschließendes Unland“ anzusehen. Da es bei solchen Eingriffen zu einer Störung ganzer Ökosysteme kommt, die sich weltweit auswirken kann, darf es auch einem Mitteleuropäer nicht gleichgültig sein, wenn in Südamerika tropische Regenwälder einem unkritischen Fortschrittsglauben geopfert werden!

Was für die Tierwelt der Regenwälder gilt, trifft auch für die hier lebenden Ureinwohner zu. Der Regenwald bei *Santo Domingo de los Colorados,* in der tropischen Zone am westlichen Andenhang, ist stark forstlich und landwirtschaftlich beeinflußt. Hier leben in zerstreuten Siedlungen letzte Reste der Colorados. Hinweisschilder am Weg weisen auf deren Behausungen hin, die der Tourist besuchen darf. Unberührte Natur? Menschen die vor der Zivilisation verschont blieben? Jedoch der erste Eindruck täuscht!

„Colorados“ heißt auf deutsch „die Roten“. Dieser Indiostamm wird so genannt, weil die Männer Haare und z. T. auch den Körper mit dem Farbstoff der Achiotefrucht zinnoberrot färben. Die Samen dieser Frucht werden zwischen den Händen gerieben, und die Farbe wird dann auf die Haare gestrichen. Diese sind so geschnitten, daß der Kopfschmuck einer roten Mütze ähnelt. Ihn tragen nur Männer und mannbar gewordene Jungen. Wenn man jedoch nur wenige Minuten mit offenen Augen das Leben und Treiben in einer solchen Ansiedlung beobachtet, wird man feststellen, daß alles historische Maskerade für Touristen ist. Das Brauchtum der Ahnen wird für Geld, Zigaretten, Süßigkeiten und Alkohol zur Schau gestellt. Das Transistorradio wird vor dem Erscheinen von Touristen rasch versteckt, die europäische Kleidung gegen das Coloradokostüm gewechselt. Traurig, zu sehen, was aus einem einst stolzen Indiostamm geworden ist! Es wäre müßig, hier die Schuldfrage stellen zu wollen.

In der Umgebung von Santo Domingo de los Colorados werden u. a. Papayas, Mangos, Kaffee und Kakao angebaut. In den Plantagen fallen aus der Vogelwelt besonders die *Tangaren* auf. Sie sind eine neuweltliche Vogelfamilie, deren Vertreter oft sehr farbenprächtig gefärbt sind. Tangaren ernähren sich zu einem hohen Prozentsatz von süßen Früchten. Deshalb besuchen sie mit Vorliebe Papayaplantagen, um dort von den reifen

Oben: Nebelwald am Westhang der Anden, Ecuador. Man sieht deutlich die Eingriffe durch Abholzen.
Unten: Coloradofamilie in historischer Maskerade für die Touristen.

Früchten zu naschen. Außer ihnen suchen vor allem *Spechte* der Gattung *Melanerpes* solche Orte auf, um ebenfalls von dieser Nahrungsfülle zu profitieren. Die angepickten Früchte sind natürlich für den Verkauf uninteressant. Aus diesem Grunde liebt man fruchtfressende Vogelarten in diesen Plantagen nicht.

Charles Darwin erkannte, daß sich Tierarten durch ökologische Anpassung verändern können. Beim Studium der nach ihm benannten Darwin-Finken auf den Galapagos stellte er fest, daß sie alle von einem gemeinsamen Vorfahren abstammen mußten, der vom südamerikanischen Festland auf jene Inselgruppe verschlagen wurde. Diese Urahnen der Galapagosfinken könnten aus der Familie der Tangaren oder der Ammern gestammt haben. Doch mit dieser Problematik wollen wir uns in einem anderen Kapitel beschäftigen.

Um die Galapagos-Inseln zu erreichen, fliegt man heute im allgemeinen von *Guayaquil* mit einer von Reiseagenturen gecharterten Maschine der „Tame", der ecuadorianischen Luftwaffe, nach *Baltra* auf dem *Galapagos-Archipel.* Ornithologisch Interessierten sei jedoch empfohlen, entweder auf dem Hin- oder auf dem Rückflug in Guayaquil kurz Station zu machen und die Sumpfgebiete zu besuchen, die die Flüsse *Daule* und *Babahoyo* geschaffen haben. Hier herrscht ungeheuer reiches Vogelleben. *Silberreiher* sind häufig, wie auch die kleineren, an den europäischen Seidenreiher erinnernden *Schnee-* oder *Thulareiher,* die dunkle Beine mit gelben Zehen haben. Auch den *Kuhreiher* trifft man hier regelmäßig an, vor allem bei Weidevieh. Ausgesprochen häufig sind *Riesenrallen* und *Schneckenmilane,* die hier ein reiches Angebot an Apfelschnecken vorfinden. *Blatthühnchen* und prächtig blaue *Kleine Sultanshühner* laufen elegant über die trügerischen Teppiche aus Wasserhyazinthen, die die Wasserflächen vieler Tümpel bedecken. Natürlich gehören *Raben-* und *Truthahngeier* sowie *Caranchofalken* zum alltäglichen Bild.

An Kleinvögeln sind besonders erwähnenswert der *Weißfuß-Töpfervogel,* dessen Nester auf Ästen und Telefonmasten denen des Hornero ähneln, sowie der winzige Sperlingspapagei *Forpus coelestis* und der *Brasil-Sperlingskauz,* der in Größe und Aussehen dem europäischen Sperlingskauz ähnelt. Er ist wie dieser Höhlenbrüter und besetzt hier hin und wieder verlassene Nester des Weißfuß-Töpfervogels.

Groß ist die Zahl der Tyrannen, unter denen der an einen Steinschmätzer erinnernde *Wassertyrann* und der *Rubintyrann* sehr auffallen. Vor allem dort, wo Samen von Gräsern reifen, wie auch in Reisfeldern, trifft man Schwärme von *Pfäffchen,* die in der englischsprachigen Literatur treffend als „Seedeaters" (= Samenfresser) bezeichnet werden.

Die Sümpfe sind trotz der dort zu beobachtenden Artenvielfalt kein Naturland mehr. Weite Flächen dieser meist offenen Landschaft werden landwirtschaftlich genutzt, sei es durch Beweiden oder durch Anbau von Zuckerrohr und Reis. Da der Boden fruchtbar ist, wird weiter entwässert, und die Zahl der Gräben wächst. Noch existiert hier ein Dorado für Sumpfvögel, in dem sich zur Zugzeit viele Gäste zur Rast sammeln. Wie die Entwicklung jedoch weitergehen wird, wenn mit der Expansion der Landwirtschaft zunehmend Biozide zum Einsatz gelangen, kann sich – angesichts der Naturzerstörung ungeheuren Ausmaßes in Südamerika – jeder leicht vorstellen.

Oben: Anwesen der Colorados. *Unten:* Ein Colorado-Indio sammelt die roten Kerne der Achiote-Frucht.

Grüne Hölle

Auf den Galapagos-Inseln findet der naturkundlich Interessierte mehrere Paradebeispiele, wie z. B. Darwinfinken und Leguane, die Darwins Theorien von der Artbildung durch Evolution und ökologische Anpassung anschaulich bestätigen. Sie lassen sich dort gut studieren, weil der Archipel nicht besonders artenreich ist und nur eine relativ geringe Zahl von Ökologischen Nischen aufweist. Auf dem südamerikanischen Festland ist dies alles meist wesentlich komplizierter, weil man dort einer ungeheuren Zahl von Tier- und Pflanzenarten begegnet, die im Kampf ums Überleben miteinander konkurrieren müssen.

Besonders beeindruckend ist die Vielfalt der Formen im tropischen Regenwald. Charles Darwin war von den ersten Besuchen im tropischen Regenwald Ostbrasiliens geradezu überwältigt, was den Zeilen aus seinem Tagebuch unschwer zu entnehmen ist: „*Wenn man das Auge von dieser Blätterwelt auf den Boden richtete, so wurde es durch die ausnehmende Zierlichkeit der Blätter der Farne und Mimosen gefesselt. Die letzteren bedeckten an einigen Stellen die Oberfläche mit einem nur wenige Zoll hohen Gebüsch. Ging man über diesen dichten Rasen, so blieb eine breite Spur zurück, die durch die Schattenveränderung der sich senkenden sensitiven Fiederblättchen hervorgebracht wurde. Man kann leicht die einzelnen Gegenstände nennen, die unser Staunen in diesem großartigen Gemälde erwecken, aber nichts kann eine hinreichende Vorstellung von den höheren Gefühlen der Bewunderung, des Erstaunens und der Andacht geben, die unsere Seele erfüllen und erheben.*“

Die Bewunderung Darwins wäre zweifellos noch größer gewesen, hätte er die Großartigkeit des Urwaldes im Amazonasbecken erleben können, dem wir uns jetzt zuwenden wollen. Das Beeindruckendste für den Mitteleuropäer sind dort zweifellos die Baumriesen mit Höhen bis zu etwa 80 Metern und Stammdurchmessern von mehreren Metern. Ein solcher Baum bildet allein schon ein Ökosystem. Nicht selten ist der Stamm am unteren Ende hohl. In dieser Höhlung leben tagsüber Fledermäuse, darunter auch die berüchtigten Vampire, auf die wir noch zu sprechen kommen werden. Vogelspinnen, Schlangen sowie verschiedene Kleinsäuger leben ebenfalls in Baumhöhlen. Der Stamm ist von Moosen, Flechten und Algen bewachsen, und die Äste tragen dicke Epiphytenpolster aus Bromeliaceen, in denen eine Unzahl von Kleinlebewesen, wie Ameisen, Tausendfüßler, Spinnen, usw., aber auch einige Wirbeltiere Unterschlupf finden. So gibt es kleine Frösche, die in den größeren Bromelien leben, deren Blattachseln fast stets angesammeltes Regenwasser aufweisen. Dort entwickeln sich die Kaulquappen dieser Frösche. Eine beeindruckende Anpassung an einen speziellen Lebensraum! Im Kronenbereich trifft man vor allem auf Vögel und Affen.

So, wie hier in groben Zügen geschildert, gibt es im tropischen Regenwald Südamerikas unzählige Ökologische Nischen, die jeweils von entsprechend angepaßten Tierarten besetzt werden. Kein Wunder, daß man gerade hier dem Phänomen der Konvergenz besonders häufig begegnet. Aus der Vogelwelt möchte ich hier die große Zahl von Tyrannen, Ameisenvögeln, Kolibris, Töpfervögeln und Baumsteigern erwähnen, die hier altweltliche

Formen ökologisch vertreten, ohne mit ihnen verwandt zu sein. Die Tyrannen spielen häufig die Rolle von Fliegenschnäppern, manchmal auch von Würgern; unter den Ameisenvögeln findet man mehrere Arten, die sehr an Zaunkönige erinnern; Kolibris sind die ökologischen Vertreter der altweltlichen Nektarvögel, unter den Töpfervögeln erinnern viele an kleine Drosselvögel, und die Baumsteiger ersetzen die Baumläufer.

Dieser Lebensraum, in dem es von Leben wimmelt, wird in der Boulevard-Literatur häufig als lebensfeindliche Region, als *Grüne Hölle* bezeichnet. Nur weil durch Hochzivilisation anders angepaßte Menschen Probleme haben, im tropischen Regenwald des Amazonasbeckens zu leben, werden diese Zonen pauschal negativ „abgestempelt“. Kein Wunder, daß viele heute noch glauben, der Amazonasurwald müsse gerodet und das Land urbar gemacht werden. Auf den Wahnsinn eines solchen Vorhabens habe ich bereits bei der Schilderung des Regenwaldes im argentinischen Nationalpark Iguazú hingewiesen.

Natürlich gibt es im Urwald Gefahren. Diese sind aber bedeutend geringer als jene, die uns durch Verseuchung der Umwelt mit Schadstoffen und die Zerstörung natürlicher Lebensräume drohen! Gegen Überraschungen im Urwald hilft im allgemeinen Vorsicht, und bei Unglücksfällen kann man sich in den meisten Fällen behandeln lassen. Die andere Gefahr aber ist schleichender Art und wird meist erst dann erkannt, wenn sie so weit um sich gegriffen hat, daß guter Rat teuer ist. „Grüne Hölle“, diese Bezeichnung ist nicht nur irreführend, sondern absolut falsch! Diese geschmähte Region von Venezuela, Kolumbien, Ecuador, Peru und Brasilien verdient dagegen – zumindest ökologisch gesehen – den Namen *Paradies*! Wo gibt es nämlich üppigere Vegetation und reicheres Tierleben? Auch der Mensch kann dort durchaus leben, wenn er sich den gegebenen Umweltbedingungen anpaßt. Die Indiostämme Amazoniens, wie *Aucas, Jívaros, Waurá, Trumai, Suiá, Chavante* usw., haben dies bewiesen. Sie leben als Glieder eines Ökosystems und dachten nicht im Traume daran, dort etwas zu ändern. Veränderungen gab es erst, als Europäer in den Wald eindrangen, diesen zu roden und auszubeuten anfingen sowie den Eingeborenen die „Segnungen“ der Zivilisation brachten.

Dennoch gibt es heute Regionen im Amazonasurwald, die relativ unberührt sind. Dort leben noch Indianerstämme, deren einziges Bekleidungsstück ein um die Taille gebundener Strick ist. Im oberen Amazonasbecken Ecuadors sind hier die *Aucas* zu nennen, von denen manche Siedlungsgemeinschaft auch heute noch sehr kriegerisch und Weißen gegenüber nicht gerade freundlich eingestellt ist.

Relativ friedlich sind dagegen die *Jívaros,* die früher deswegen besonders berüchtigt waren, weil sie die Köpfe getöteter Feinde zu „Schrumpfköpfen“ verarbeiteten. Auch heute sollen noch illegal solche „Tsantsas“ hergestellt werden, um sie teuer zu verkaufen. Einige Siedlungen der Jívaros werden regelmäßig von Touristengruppen besucht. Bei solchen Anlässen werden dann „Heimarbeiten“ zum Kauf angeboten. Die meisten der dort und auch anderswo käuflichen Tsantsas sind jedoch Nachbildungen aus Tierhäuten. Das Frappierende an echten Schrumpfköpfen ist, daß die Gesichtszüge so deutlich erhalten sind. Dies ist durch sorgfältige Behandlung der abgezogenen Kopfhaut mit Pflanzensäften und heißem Sand zu erklären, wodurch diese langsam und gleichmäßig schrumpft.

Der Amazonasurwald ist arm an großen Säugetieren. Dafür sind die zahlreichen Flußläufe und anderen Gewässer dieses Gebietes enorm fischreich. Die Indios decken daher ihren Eiweißbedarf überwiegend mit Fisch. Daneben werden Vögel und Affen sowie verschiedene Kleinsäuger und große Insektenlarven erbeutet. In vergangenen Zeiten war mancherorts Kannibalismus sehr verbreitet, worüber wir durch Berichte von Forschungsreisenden unterrichtet sind. In ihrer Jagdweise haben sich die waldbewohnenden Indios bestens den dort herrschenden Bedingungen angepaßt: Sie jagen vor allem lautlos mit Blasrohren. Als Geschosse dienen vergiftete Bolzen, die häufig nur aus einem spitzen Pflanzendorn und einigen Federchen bestehen. Mit den meterlangen Blasrohren schießen die Indios ungeheuer treffsicher. Die einzelnen Mitglieder eines Verbandes von Affen merken vielfach gar nicht, daß einer von ihnen getroffen wurde. So können mehr Beutetiere erlegt werden, als bei einer Jagdart, bei der Lärm entsteht. Durch die Verwendung eines schnellwirkenden Giftes, z. B. *Curare,* verläuft alles lautlos, zumal die Jäger in der Deckung ihren Opfern folgen. Vögel und Fische werden mit Pfeil und Bogen erlegt.

Das von den Indios verwendete Pfeilgift tötet zwar die Opfer rasch, verhindert aber nicht das Verzehren ihres Fleisches. Es schadet nämlich nicht, wenn es über den Verdauungstrakt aufgenommen wird und nicht direkt in die Blutbahn gelangt. Dieses Beispiel soll zeigen, daß der Mensch durchaus ein Glied im Ökosystem ist, dem er sich unter natürlichen Bedingungen entsprechend anzupassen hat, wenn er überleben will.

Wie bereits erwähnt, ist Südamerika arm an Großsäugern. Das fällt besonders auf, wenn wir es mit Afrika vergleichen. Es fehlen die riesigen Herden von Antilopen, Zebras und Büffeln. Dafür trifft man hier auf eine ungeheuer reiche Vogel- und Insektenwelt. Südamerika weist auf unserer Erde mit Abstand die höchste Zahl von Vogelarten auf, d. h. etwa ⅓ der rund 8600 Vogelarten der Welt leben in Südamerika. An Insekten sind es vor allem die Ameisen, denen man im Regenwald allerorten begegnet. Auf sie als Nahrung haben sich u. a. die Ameisenvögel spezialisiert. Unter den Ameisen fürchten die hier lebenden Menschen vor allem die *Wanderameisen,* die in riesigen Scharen umherwandern und alles verzehren, was genießbar ist. Dagegen sind die *Blattschneiderameisen* Nahrungsspezialisten, die sich Pilzkulturen anlegen, von denen sie leben. Sie betreiben also eine Art Ackerbau. Den Nährboden für ihre Kulturen bereiten sie selbst, indem sie Teile von Blättern abbeißen und in ihren Bau tragen. Dabei bilden Blattschneiderameisen richtige „Heerstraßen" zwischen Bau und Aktionsort. Im dichten Verkehr auf solchen Ameisenstraßen kann man deutlich zwei Richtungen erkennen: die mit je einem Blattstück „beschirmten", in Richtung Bau eilenden Tiere, und jene, die ohne Bürde zum Sammelort hasten. Im Bau werden die eingetragenen Blattstücke zerkaut und bilden dann den Nährboden für die Pilzkulturen. Zieht ein Ameisenvolk in eine andere Behausung um, so führt es stets einige Teile des Pilzgeflechts (Myzel) mit sich, um neue Kulturen anlegen zu können. Ein großartiger Fall von Anpassung! Im Kampf ums Überleben wurden immer neue Ökologische Nischen entdeckt und besetzt. Das erklärt die Formenvielfalt mancher Gebiete, vor allem des tropischen Regenwaldes. Nicht ganz so spektakulär wie bei den Blattschneiderameisen findet man auch bei europäischen Ameisenarten adaptive, d. h. sinnvoll angepaßte Verhaltensweisen: Es ist eine bekannte Tatsache, daß Blattläuse Pflanzensäfte saugen und als Stoffwechselendprodukt Zucker ausscheiden. Dieser überzieht Blätter und Stengel in der Nähe der Blattlauskolonie mit einer lackartig wirkenden Schicht. Ameisen lieben Zucker sehr und nehmen daher die Möglichkeit wahr, diese Nahrungsquelle auszunutzen. Dabei begnügen sich die Tiere nicht – wie Fliegen und Bienen – damit, den bereits ausgeschiedenen Zucker aufzunehmen. Sie „melken" die Blattläuse regelrecht, indem sie deren Hinterteile mit ihren Fühlern „betrillern". Die so behandelte Blattlaus läßt aus Röhrchen am Hinterende Tropfen konzentrierter Zuckerlösung austreten, die dann von den Ameisen aufgenommen wird. Um sich solche Zuckerfabriken zu erhalten, transportieren manche Ameisenarten Blattläuse zu weiteren Plätzen und tragen so zur Verbreitung der Blattläuse bei. Hatten wir bei den Blattschneiderameisen Ackerbau, so betreiben andere Arten Viehwirtschaft, indem sie für ihre „Melkkühe" neue Weiden suchen.

Dschungelartige Bestände schließen den Urwald gegen die Ufer der Gewässer ab. Amazonasbecken in Ost-Ecuador.

Groß ist das Heer der Spinnen, die sich den unterschiedlichsten Lebensräumen angepaßt haben. Viele Arten haben einen flachen Körper und halten sich tagsüber unter Rindenstükken, zwischen Blättern sowie in Spalten verborgen. Wenn es dunkel wird, kommen sie hervor, um Jagd auf umherkrabbelnde Insekten, vor allem auf Schaben, zu machen. Solche Spinnen trifft man häufig in menschlichen Behausungen an, wo sie meist gern geduldet werden, weil sie die lästigen Schaben dezimieren. Manche Arten sind recht groß, mit langen, kräftigen Beinen. Man glaubt daher kaum, in welch enge Ritzen sie sich verkriechen können. Der bekannte Ornithologe aus Brasilien, der Deutsche Helmut Sick, schrieb in seinem Buch „Tukaní", daß sich solche Spinnen sogar gestapeltes Schreibpapier als Tagesquartier ausgesucht hätten, wo sie zwischen die Seiten krochen. Dies geschah allerdings in einer einfachen Hütte im Urwald des Amazonasgebiets.

Unter den Spinnen, die Netze weben, sind große Arten, deren Spinnfäden so stabil sind, daß sie einen in das Netz gehängten Hut tragen. Auch kleine Vögel können sich in solchen Netzen verfangen und von den Spinnen als Nahrung betrachtet werden.

Am spektakulärsten unter den Spinnen des südamerikanischen Regenwaldes sind zweifellos die *Vogelspinnen,* von denen viele Arten weit verbreitet sind. Wie bereits an anderer Stelle vermerkt, werden sie oft fälschlicherweise als *Taranteln* bezeichnet, weil Einheimische sie vielerorts „Tarantulas" nennen. Taranteln, die es auch in Südamerika gibt, sind jedoch große Wolfsspinnen, die tagsüber meist in selbstgegrabenen Erdlöchern oder unter Steinen leben. Man kann sie aber auf den ersten Blick von Vogelspinnen unterscheiden: Wolfsspinnen, also auch Taranteln, haben senkrecht nach unten gerichtete Cheliceren (Kieferklauen), die dagegen bei Vogelspinnen waagerecht nach vorne gerichtet sind. Man spricht dann von *labidognathen* (Tarantel) und *orthognathen* (Vogelspinne) Spinnen. Auch sind Vogelspinnen im allgemeinen dichter behaart und haben am Hinterleibsende zwei kurze „Schwänzchen". Vogelspinnen streifen, wie Taranteln, nachts und in der Dämmerung umher, um kleinere Tiere zu erbeuten. Insekten spielen dabei natürlich die wichtigste Rolle. Große Vogelspinnen erbeuten jedoch auch kleinere Wirbeltiere, wie Frösche, kleine Echsen, Mäuse und Kleinvögel. Im Amazonasgebiet leben zahlreiche Arten, darunter die größten ihrer Sippe. Wenn diese ihre Beine von sich strecken, so bedecken sie die Fläche eines Suppentellers. Vogelspinnen sind in den Tropen der ganzen Welt zu Hause. Verwandte von ihnen, die *Falltür-* und *Finsterspinnen,* leben auch im südlichen Europa, sind aber bedeutend kleiner.

Das *Treibhausklima* des tropischen Regenwaldes erlaubt auch den Amphibien, vor allem den Fröschen, ein großes Artenspektrum zu entwickeln. Wir kamen auf die Spezialisierung mancher Arten schon zu sprechen. Frösche findet man im Regenwald fast überall, und es ist ungeheuer eindrucksvoll, in der Dämmerung oder nachts dem Konzert dieser Tiere zu lauschen, von denen einzelne Arten über wohltönende Rufe verfügen, die an Vogelstimmen erinnern.

Das tropische Südamerika ist die Heimat der größten Riesenschlange unserer Erde: der *Anaconda.* Die größten bisher vermessenen Exemplare erreichten eine Länge von rund elf Metern. Behauptungen, es gäbe noch weit größere Stücke, dürften ins Reich der Fabel zu verweisen sein. Die Anaconda hat im wasserreichen Urwald ihren Lebensraum an Gewässern, wo sie Tiere bis zur Größe eines Schweins erbeutet, durch Umschlingen erwürgt und dann verschlingt. Wie alle Riesenschlangen ist sie ungiftig.

Die Boas, darunter die *Abgottschlange,* leben vor allem im Wald, wo sie auf Bäumen Affen und anderen Kleintieren auflauern oder sich von Ästen auf Beutetiere fallen lassen, die unter ihnen vorüberziehen.

Was in großen, fischreichen Gewässern Afrikas und Südasiens die Krokodile sind, das sind in Südamerika die Kaimane. Von diesen kann der *Mohrenkaiman* bis etwa 4,5 Meter lang werden, erreicht also nicht die Länge eines ausgewachsenen *Nilkrokodils*.

Wie die Krokodile, so wurden auch die Kaimane rücksichtslos verfolgt und in manchen Gebieten Südamerikas bereits ausgerottet. Man jagte sie vor allem wegen des „Krokodilleders", aber auch, um aus Jungtieren, häufig sogar aus Embryonen (!), Souvenirs für Touristen anzufertigen. Als Folge dieser Ausbeutung trifft man größere Kaimane nur noch in entlegenen Teilen des Amazonasurwaldes an. Diese Arten bedürfen eines wirkungsvollen Schutzes, wenn sie nicht in absehbarer Zeit aussterben sollen! Das Washingtoner Artenschutz-Übereinkommen reicht hierzu nicht aus, da Kaimane nach wie vor gejagt werden, obwohl dies offiziell verboten ist. Doch wer will dieses Verbot überwachen? Hier hilft nur die Schaffung großflächiger Reservate. Das aber kostet Geld! Hier sind die reichen Nationen aufgerufen, entsprechende Hilfe zu leisten und *nicht* durch Bereitstellung von Mitteln zur Waldvernichtung, d. h. zur ökologisch unerwünschten *Erschließung neuer Flächen für Landwirtschaft oder Industrie,* Entwicklungshilfe zu betreiben! Angesichts der Tatsache, daß naturkundlich ausgerichteter Tourismus ostafrikanischen Ländern viele Devisen brachte und noch bringt, hat man entsprechende Versuche in Südamerika unternommen. Exkursionen nach Galapagos, zu den Robben- und Seevogelkolonien im Süden sowie zu den Guanoinseln von Peru oder Chile fanden ihre Freunde. Aber gerade der Regenwald, der am meisten bedroht ist, bietet dem Beschauer nur wenig von seinen Schätzen dar. Hier findet vorläufig nur der Fachmann ein reichhaltiges Beobachtungs- und Forschungsfeld. Muß dies so bleiben? Reservate mit Beobachtungsständen könnten zweifellos die Attraktivität erhöhen. Es wäre ein Jammer, wenn die einzigen Devisenbringer nur solche Touristen wären, die auf Luxusdampfern den Amazonas befahren und nach der Vorführung von folkloristischem Mummenschanz nach Hause zurückkehren mit der Überzeugung, noch echte „Urwaldatmosphäre" erlebt zu haben!

Die Länder Ecuador und Peru werden durch die Anden in zwei deutlich verschiedene Landschaften geteilt. In Ecuador nennt man den Westen *„Occidente",* den Osten *„Oriente".* Viele Tier- und Pflanzenarten leben nur im einen oder im anderen Landesteil.

Der „Oriente" von Ecuador ist ein Teil des Amazonasbeckens, mit noch großen Flächen ursprünglichen Regenwaldes. Der größte Fluß dieser Region ist der *Rio Napo,* ein linker Nebenfluß des Amazonas. An ihm liegt die kleine Stadt *Coca,* die von *Quito,* der Hauptstadt Ecuadors, mit Propellermaschinen erreichbar ist. Ein solcher Flug ist bei klarem Wetter ungeheuer eindrucksvoll.

Es war im April 1981, als meine Frau und ich, begleitet von einem befreundeten Ehepaar, in einer kleinen „Cessna" von Quito ins Amazonasbecken flogen. Wir verließen den Flughafen am frühen Morgen. Langsam schraubte sich die Maschine in die Höhe. Der Ausblick auf den fast 6000 m hohen *Cayambe* und andere schneebedeckte Vulkane war einzigartig. Bald war die Ostabdachung der Anden erreicht. Wir sahen deutlich unter uns den Übergang der *Páramo-Landschaft* in die Nebelwaldzone und schließlich den ebenen, weiten Regenwald des Amazonasbeckens. Mit unzähligen Mäandern schlängelten sich kleine Flüsse durch das Grün des Waldes, um in den breiten, mit Sandbänken durchsetzten Rio Napo zu münden. Deutlich waren großflächige Rodungen zu erkennen, und auf manchen dunklen Zonen qualmten noch Reste des vernichteten Waldes. Im Raum Coca sahen wir, daß in Ufernähe Sekundärwald wuchs, d. h. Wald, der nach einer Rodung wieder nachgewachsen war. Wir landeten jedoch nicht in Coca; unser Ziel war die Siedlung *Limoncocha,* noch einige Flugminuten weiter.

Ich bat den Piloten, tiefer hinabzugehen, um besser beobachten zu können. Aus dem grünen Dach des Urwaldes hoben sich zahlreiche Kronen von Bäumen, die sicher an die achtzig Meter hoch sein mußten. Über diesen kreiste ein großer, überwiegend weiß gefärbter Vogel: ein *Königsgeier.* Dann tauchte eine rechteckige Lichtung auf, der Flugplatz von Limoncocha, der auch als Fußballfeld dient. Bei der Landung auf dem nicht gerade sehr ebenen Grasboden rollte unser Flugzeug direkt auf eines der beiden Tore zu, wendete kurz davor und stand.

Limoncocha ist bekannt wegen des hier ansässigen *„Instituto Linguistico de Verano",* das sich mit der Übersetzung verschiedenster Literatur befaßt. Uns interessierte jedoch die Natur, vor allem die Vogelwelt.

Schon am Flug-/Fußballplatz war reiches Vogelleben. Am Himmel kreisten einige Dutzend schwarze Rabengeier sowie einzelne Truthahngeier. Aus einer Agavenhecke ertönten die melodischen Pfiffe der *Anis,* einer schwarzen, in Trupps lebenden Kuckucksart. An Kleinvögeln fielen vor allem Vertreter der Pfäffchen, Tyrannen, Stärlinge und Baumsteiger auf. All diese Arten haben sich an menschliche Siedlungen angepaßt und leben auf oder am Rande von Plantagen.

Dagegen findet man auf der anderen Seite eines Altwassers, der Lagune von Limoncocha, natürliche Lebensgemeinschaften. Die Ufer des Gewässers sind mit Verlandungsvegetation bewachsen und gehen über in die schwimmenden Teppiche aus Wasserhyazinthen. Hier leben kleine Rallen, vor allem das *Kleine Sultanshuhn.* Auch Blatthühnchen sind zu beobachten. In höheren Beständen lebt die *Schwarzkopf-Spottdrossel. Schlangenhalsvogel* und *Brasilscharbe* gehören ebenso zum Bild wie die über die Lagune hinwegfliegenden Schwärme kleiner Papageien. Wasserschildkröten sieht man allenthalben, vor allem wenn sie sich auf schwimmenden Holzstücken und Ästen sonnen.

Eine ornithologische Besonderheit sind die in dschungelartiger Ufervegetation lebenden *Hoatzins.* Diese hühnergroßen, überwiegend bräunlichen Vögel mit rubinroten Augen und zottigem Federschopf sind recht altertümlich. Fast wie der Urvogel *Archaeopteryx* haben sie am Vorderflügel zwei Krallen, eine davon am „Daumen". Es sind die einzigen noch lebenden Vögel mit Krallen am Handteil des Flügels. Da die jungen Hoatzins sehr frühzeitig das Nest verlassen und im Gezweig umherklettern, sind ihnen die Krallen sehr von Nutzen.

Die Frage, mit welchen Vogelfamilien die Hoatzins näher verwandt sind und in welche Ordnung sie gehören, beschäftigt auch heute noch die Wissenschaft. Lange Zeit hat man diese „lebenden Urvögel" als besondere Familie den Hühnervögeln zugeordnet. Neuere Untersuchungen über das körpereigene Eiweiß ergaben jedoch, daß sie den Kuckucken näherstehen müßten.

Wie wir wissen, stößt man in Südamerika ständig auf konvergente Entwicklungen. Ich erinnere in diesem Zusammenhang an die Neuweltgeier. Die Hoatzins könnten demnach durchaus die an einen bestimmten Lebensraum besonders angepaßten Vertreter aus der Ordnung der Kuckucksvögel sein. Eine gewisse Ähnlichkeit mit dem deutlich kleineren Pirincho ist sogar vorhanden (auf die ich mich allerdings nicht verlassen würde!). Fest steht, daß die Hoatzins eigentümliche und interessante Vögel sind, die ein weiteres eingehendes Studium verdienen.

Je weiter man in den Wald eindringt, um so seltener sieht man Rabengeier über dem Kronendach kreisen. An ihre Stelle treten dann – allerdings nie in so großer Zahl – Truthahngeier sowie die beiden selteneren *Kleiner* und *Großer Gelbkopfgeier.* Außerdem sieht man hin und wieder den Königsgeier. Die ökologischen Ansprüche und Anpassungen dieser Vögel sind nämlich verschieden. Deshalb konnten sich mehrere Spezies entwickeln,

Urwaldriese im noch intakten Regenwald des Amazonasbeckens, Ecuador.

die mancherorts nebeneinander vorkommen, ohne miteinander allzusehr in Konkurrenz zu treten. Betrachten wir diese Situation etwas näher:

Rabengeier sind soziale Vögel, die fast überall in größerer Zahl auftreten. In und bei Siedlungen sind sie typische Besucher von Müllplätzen. Sie halten sich überwiegend in relativ übersichtlichem Gelände auf und meiden weitgehend den ausgedehnten Wald. Von allen Neuweltgeiern verfügen sie über den am wenigsten vollkommenen Segelflug. Ihr Gleiten im Aufwind wird immer wieder von mehreren hastigen Flügelschlägen unterbrochen. So suchen sie das Gelände unter sich ab. Ihr Auge ist sehr scharfsichtig. Dagegen verfügen sie – ebenso wie der Kondor – keineswegs über ein gut ausgebildetes Riechvermögen. Sie müssen also ihre Aasnahrung rein visuell finden. Das ist aber nur in übersichtlichem Gelände, bzw. auf Lichtungen möglich. Deshalb sind geschlossene Wälder für Rabengeier uninteressant. Sie suchen lediglich an Flußufern oder an anderen offenen Stellen nach Nahrung.

Anders ist dies bei den übrigen vier Arten. Sie verfügen zwar ebenfalls über einen hervorragenden Gesichtssinn, darüber hinaus aber auch noch über ein gut ausgebildetes Riechvermögen. Anatomische Untersuchungen ergaben, daß bei diesen Arten das Riechhirn recht gut entwickelt ist. Sie können also sowohl visuell, als auch mittels ihres Geruchsinnes Nahrung suchen.

Betrachten wir zunächst den Truthahngeier, der von Kanada bis Feuerland verbreitet ist und die unterschiedlichsten Lebensräume bewohnt. Er kommt sogar in den Hochlagen der Anden vor. Im Gegensatz zum Rabengeier ist diese langflügelige Art ein vollendeter Segler, wie auch die drei anderen „Geier". Er sucht meist einzeln oder in geringer Zahl nach Nahrung, indem er in geringerer Höhe mit V-förmig hochgehaltenen Flügeln fast „weihenartig" dahinsegelt. In Waldgebieten oder in sonstigem unübersichtlichem Gelände findet er Nahrungsquellen durch den Aasgeruch. Dazu sind auch Kleiner Gelbkopf-, Großer Gelbkopf- und Königsgeier befähigt.

Der Truthahngeier ist mit den beiden Gelbköpfen zweifellos nahe verwandt. Es müssen jedoch Unterschiede in den Ansprüchen der drei Arten bestehen; sonst gäbe es sie nicht. Unsere Kenntnisse darüber sind noch recht spärlich. Wir wissen aber, daß der Große Gelbkopfgeier ausgedehnte Urwaldbestände bewohnt, der Kleine Gelbkopfgeier in etwas aufgelockerterem, wasserreichem Gelände vorkommt und der Truthahngeier lockeren Wald und offenes Gelände bevorzugt.

Bezüglich ihrer Ernährung scheinen sich diese drei vom Rabengeier dadurch zu unterscheiden, daß sie nur ausnahmsweise an Großtierkadaver gehen, während letzterer wenig wählerisch ist und oft zu Hunderten an einem toten Pferd oder einer Kuh angetroffen werden kann. Dank ihres hervorragenden Geruchsinnes können der Truthahngeier und seine Verwandten in dichter Vegetation verborgene Kadaver kleiner Tiere finden, ehe diese von Ameisenscharen vollständig skelettiert wurden. Die Ameisen sind überhaupt eine enorme Konkurrenz für aasfressende Vögel und Säugetiere im Urwald Südamerikas. Deshalb müssen kleine Kadaver rasch gefunden werden. Die „Waldgeier", zu denen auch der Königsgeier gehört, setzen deshalb Geruch- *und* Gesichtsinn ein. Der nahezu alles Genießbare verzehrende Rabengeier und der in offenen Landschaften des Hochgebirges von Großtierkadavern lebende Kondor benötigen zwar ein scharfes Auge, aber keinen besonders entwickelten Geruchsinn.

Wir haben beobachtet, daß Truthahngeier an der peruanischen Pazifikküste zu mehreren an toten Walen und Robben erschienen, da ihnen hier wenig andere Nahrung geboten wird. Im Inland überflogen einzelne Vögel Großtierkadaver (wohl in erster Linie angezogen

Stark gelichteter Uferwald am Rio Napo, einem Nebenfluß des Amazonas in Ost-Ecuador.

vom Geruch), gesellten sich aber nie zu hier fressenden Rabengeiern. Dagegen nahmen sie sich kleiner Fetzen an, die von anderen Aasfressern weggeschleudert worden waren. Auch sah ich oft Truthahngeier niedrig an Landstraßen entlangsegeln, um nach überfahrenen Kleintieren zu suchen. Der Geruchsinn hilft also den im Wald lebenden Neuweltgeiern, diesen Lebensraum zu besiedeln. Da altweltliche Geier, die ja zu den Greifvögeln gehören, ihre Nahrung ausschließlich visuell finden, sind sie z. B. in den Tropen Afrikas nur außerhalb der Regenwälder verbreitet. Sie hätten dort kaum Aussicht, einen Kadaver zu entdecken. Durch die große Zahl von Antilopen, Zebras, Büffeln usw. finden sie in der Savanne und anderen, zumindest halboffenen Landschaften ausreichend Nahrung, zumal Großraubtiere Reste ihrer Beute übriglassen.

Anders in Südamerika. Die großen Herden fehlen. Die Haustiere kamen erst viel später mit den weißen Siedlern. Im tropischen Regenwald lebt der *Flachlandtapir* als größtes Landsäugetier. Er hat kaum Raubfeinde, da er recht wehrhaft ist und der hier ebenfalls lebende Jaguar lieber kleinere Tiere, wie etwa *Pekaris* (südamerikanische Wildschweine), als potentielle Beute attackiert. Somit fallen kaum Großtierkadaver an, wenn man von verendeten Haustieren in der Nähe von Siedlungen absieht. So kam es wohl zur Spezialisierung auf tote Kleintiere, die mittels Geruchsinn lokalisiert werden mußten. Mein Freund und Kollege Helmut Sick aus Rio de Janeiro erzählte mir einmal, er habe vor Jahren im Amazonasurwald einen kleinen Affen geschossen, der nach dem Schuß im dichten Gezweig eines Urwaldbaumes hängenblieb. Da Sick ihn aber für die Museumssammlung benötigte, holte er in einem nahegelehenen Dorf Hilfe, um den Affen zu bergen. Als er kurz darauf wiederkam, kreiste bereits ein alter Königsgeier um den Baum. Offensichtlich hatte der in der kurzen Zeit sich entwickelte leichte Aasgeruch ausgereicht, den auf Nahrungssuche befindlichen Vogel anzulocken. Wieder ein Beispiel für hervorragende Anpassung in einem besonderen Lebensraum!

Interessante Formen der Anpassung findet man auch bei den *Fledermäusen* des Regenwaldes im Amazonasgebiet. Während sämtliche Arten Europas Insektenfresser sind, haben tropische und gerade die südamerikanischen Arten ein weit größeres Nahrungsspektrum. Viele ernähren sich ebenfalls von Insekten. Andere wiederum sind Fruchtfresser oder gar Blütenbesucher; manche erbeuten kleinere Wirbeltiere. Ausgesprochene Spezialisten sind die *Vampire,* die sich ausschließlich von Säugetierblut ernähren.

Ich möchte hier drei Ernährungstypen bei Fledermäusen herausgreifen: die Blütenbesucher, die Fischjäger und die Vampire. Erstere sind kleine Arten mit stark verlängerter, spitzer Schnauze. Darüber hinaus verfügen sie über eine lange Zunge, die im vorderen Bereich durch Hautfortsätze bürstenartig gestaltet ist. Diese Fledermäuse rütteln, fast wie Kolibris, vor nachts geöffneten Blüten und strecken dabei ihre lange Zunge ins Innere, um den Nektar zu genießen. Dabei berühren sie mit ihrem Pelz die Staubgefäße und streifen Blütenstaub ab. Es gibt Pflanzen, die sich ganz auf solche Fledermäuse eingestellt haben, d. h. sie überlassen diesen die Bestäubung. Die Blüten dieser Pflanzen bezeichnet man als „Fledermausblumen". Hier haben sich einerseits Pflanze und andererseits Fledermaus hervorragend aneinander angepaßt.

In Amerika gibt es zwei Fledermausarten, die sich auf Fischfang spezialisiert haben. Eine davon, das *Hasenmaul,* ist im tropischen Südamerika weit verbreitet. Ich hatte im Amazonasbecken Ecuadors mehrmals das Glück, diese Art beim Fischfang beobachten zu können. Das Hasenmaul, eine relativ große Fledermaus, hat sehr große Füße mit langen Krallen. Wenn es dunkel wird, fliegen diese Tiere niedrig über das Wasser von stehenden oder träge fließenden Gewässern und ziehen dabei ihre Hinterfußkrallen über die Oberflä-

Oben: Uferzone mit Sekundärwald im Amazonasbecken, Ost-Ecuador. *Unten links:* Flachlandtapir im Sumpfwald des Amazonasgebietes. *Unten rechts:* Flüchtender Hoatzin in seinem typischen Lebensraum.

che. Ein kleinerer, sich dort aufhaltender Fisch wird mit den Krallen gefaßt, hochgerissen und durch kräftige Bisse getötet. Danach fliegt die Fledermaus entweder zu einem Hangplatz, um die Beute in Ruhe zu verzehren, oder sie verspeist sie im Fluge.

Da Fische gern nachts an beleuchtete Stellen ihres Gewässers kommen, konnte ich von einem Hausboot im Rio Napo das Fischen von mehreren Hasenmaul-Fledermäusen an von Schiffslampen erleuchteten Stellen des Flusses beobachten. Die Flatterer erschienen einzeln aus dem Dunkel, senkten sich ab und zogen kurz ihre Hinterfüße durchs Wasser. Dann schwenkten sie ab, und das Spiel begann von neuem. Hatten sie einen Fisch erfaßt, so zogen sie ihn näher an den Körper und beugten sich mit dem Kopf zu ihm hinab. Dann verschwanden sie mit ihrer Beute im Dunkel der Nacht.

Vampire gibt es nur im tropischen Amerika, wobei ihr Vorkommen bis ins nördliche Argentinien reicht. Sie sind ganz besondere Nahrungsspezialisten. Da sie sich nur von Blut ernähren, ist ihr Gebiß stark reduziert. Dafür haben sich ihre oberen Schneidezähne zu kräftigen, dreieckigen Klingen entwickelt. Mit diesen ritzen sie die Haut ihres Opfers, bzw. schneiden in diese eine winzige Vertiefung. In dieser sammelt sich das aus der Schnittwunde sickernde Blut, das dann von der Fledermaus aufgeleckt wird. Der in Südamerika weitverbreitete *Desmodus rotundus,* der Gemeine Vampir, scheidet mit seinem Speichel eine blutgerinnungshemmende Flüssigkeit aus, so daß die Wunde längere Zeit blutet. Auch kann er seine Zunge zu einer Halbröhre zusammenziehen, so daß er das Blut, wie aus einer Schüssel, schlürfen kann. Der Magen der Vampire ist ebenfalls an diese besondere Form der Ernährung angepaßt: Er ist ungeheuer dehnbar.

Vampire verbringen den Tag gesellig in Höhlen, stammhohlen Bäumen (in Nordwestargentinien gern in alten Flaschenbäumen) sowie an anderen geschützten Orten. Man erkennt ihre Tagesquartiere an den schwarzen, pechartig wirkenden Ausscheidungen auf dem Boden unter den Hangplätzen und an deren aasartigem Geruch. Von den rund 1000 Fledermausarten auf unserer Erde haben sich nur drei Gattungen mit jeweils einer Art auf diese Form der Ernährung spezialisiert. Alle kommen nur in der Neuen Welt vor. Vampire schädigen ihre Opfer durch den Aderlaß nur unbedeutend. Die Wunden bluten zwar nach; doch hält sich der Blutverlust im allgemeinen in Grenzen. Sehr groß ist jedoch die Gefahr der Übertragung von Krankheiten, vor allem der Tollwut. Da bei Auseinandersetzungen mit anderen Fledermäusen Vampire diese beißen, können auch andere, frucht- oder insektenfressende Arten Amerikas an Tollwut erkranken und durch Bisse weitere Tiere oder Menschen infizieren.

Die Opfer merken vielfach gar nicht, wenn sie von einem Vampir „angeschnitten“ werden. So berichtete mir H. Sick, daß einer seiner Mitarbeiter erst am nächsten Morgen merkte, daß ihn in der Nacht ein ungebetener Gast besucht hatte. Der Mann schlief in einer Hängematte, eingehüllt in ein Moskitonetz. Im Schlafe hatte er einen nackten Fuß an das Netz gedrückt. Dies genügte dem Vampir. Er schnitt mit seinen rasiermesserscharfen Schneidezähnen ein Loch ins Netz und ritzte dann sein Opfer an der großen Zehe. Wie bereits gesagt, wurde dieser „Draculabesuch“ erst am Morgen entdeckt, weil die Hängematte am unteren Ende mit Blut verschmiert war und auch auf dem Boden darunter Blutspritzer zu sehen waren. Glücklicherweise hatte dieser Vampirbesuch keine Folgen. Auch die meisten Haustiere überstehen solche gut. Im Gegensatz zu Darwin glaube ich nicht, daß Pferde oder Rinder Schmerz empfinden, wenn sie von Vampiren gebissen werden. Häufig sieht man erst am nächsten Morgen, daß bestimmte Körperstellen, meist am Hals, blutverschmiert sind. Die Opfer werden lediglich hin und wieder unruhig, wenn die Fledermäuse sie umschwirren, bzw. wenn sie sich – angezogen vom Blutgeruch – einer offenen Wunde nähern. Darwin schreibt dazu in seinem Tagebuch: „*Der Vampyr verursacht oft viel Schmerz, indem er die Pferde am Widerrist beißt. Die Verletzung schadet gewöhnlich nicht soviel durch den Blutverlust als durch die Entzündung, die der Druck des Sattels nachher hervorbringt. Die ganze Sache wurde kürzlich in England angezweifelt, ich war aber glücklicherweise einmal zugegen, als einer (Desmodus d'Orbigny. Wat.) wirklich auf dem Rücken eines Pferdes gefangen wurde. Wir kampierten eines Abends spät in der Nähe von Coquimbo in Chile, als mein Diener gewahrte, daß eines der Pferde sehr unruhig war, und da er etwas zu bemerken glaubte, griff er plötzlich nach dem Widerrist und erfaßte den Vampyr. Am Morgen konnte man die Stelle, wo der Biß stattgefunden, leicht daran erkennen, daß sie angeschwollen und blutig war.*"

Vampire (sie sind übrigens nicht größer als etwa das europäische Mausohr mit rund acht Zentimetern Körperlänge!) sind hochgradige Nahrungsspezialisten, die – einmalig unter den Säugetieren – die Ernährungsnische „Blut" besetzen. Ihre diesbezügliche Anpassung ist hervorragend, wie bereits erläutert wurde. Dazu kommt noch, daß ihr Magen ein sehr dehnbarer, langer Sack ist, so daß in der Leibeshöhle nur noch Platz für einen kurzen Darm ist. Im Gegensatz zu Pflanzenfressern braucht eine Tierart, die sich von so hochkonzentrierter Eiweißnahrung ernährt, auch nur einen kurzen Darm, um lebenswichtige Nährstoffe aufzunehmen. Der enorm große Magen erlaubt es dem Vampir, nach einer reichlichen Mahlzeit einige Tage zu hungern, ohne daß dadurch Reserven angegriffen werden. Im Gegensatz zu Fledermäusen gemäßigter Zonen haben Vampire nicht die Möglichkeit, in Kältestarre zu verfallen und auf diese Weise Energie zu sparen. Winterschlafähnliche Erscheinungen gibt es bei diesen Arten nicht. Sie müssen also dem Körper ständig Nährstoffe zuführen, um eine gewisse Mindesttemperatur zu halten. Im Hinblick auf ihre Ernährungsweise ist dies nur durch einen großen Reservoirmagen zu bewerkstelligen. Auch können sie nur dort existieren, wo größere Säugetiere in ausreichender Zahl leben. Deshalb sind die hauptsächlichsten Vampirvorkommen in den Gebieten des tropisch/subtropischen Südamerika, wo Viehzucht betrieben wird. In diesem Zusammenhang muß man sich fragen, wovon wohl die Vampire gelebt haben, ehe Südamerika von Einwanderern aus Europa besiedelt wurde, die Haustiere, wie Pferde, Rinder, Schafe, Ziegen und Schweine, mitbrachten. Dazu ist zu sagen, daß noch zu Darwins Zeiten einige Hirscharten weitaus häufiger waren als heute und zweifellos auch andere Säuger als Nahrungslieferanten dienten, was in menschenfernen Gebieten immer noch der Fall ist. Die Einführung von Weidevieh aus Europa hat somit lediglich die Ernährungsmöglichkeiten für Vampire verbessert und zu Konzentrationen der Vorkommen geführt.

Die Tatsache, daß Vampire und auch von diesen infizierte andere Arten Tollwut auf Menschen und Haustiere übertragen können, hat vor Jahren zu einer Welle von Hysterie – auch in Deutschland – geführt. Die Abneigung, die viele gegen die nächtlichen Flatterer aus Aberglauben und ähnlichen Motiven hatten, wurde dadurch nicht gerade abgebaut. In Europa sind Fledermäuse mit die am meisten durch Zivilisationseinflüsse gefährdeten Tiere. Keine ist irgendwie gefährlich. Im Gegenteil, alle sind ausschließlich Insektenfresser. Mit Tollwutübertragung haben sie nichts zu tun! Alle bedürfen eines wirkungsvollen Schutzes, wenn sie vor dem Aussterben bewahrt werden sollen!

Die meisten Fledermausarten suchen sich tagsüber düstere Quartiere. Unter den Ausnahmen, die an hellen Orten den Tag verbringen, ist die im tropischen Amerika verbreitete *Nasenfledermaus.* Das Tierchen hat eine Körperlänge von nur 4 cm. Sein Pelz ist schmutzig graugelblich, mit helleren und dunkleren Flecken. Auch die Unterarme sind hell und dunkel gefleckt. Diese für Fledermäuse ungewöhnliche Zeichnung ist als Tarnfärbung zu betrachten. Die wegen ihres lang und spitz ausgezogenen Oberkiefers „Nasenfledermäuse“ genannten Tiere verbringen nämlich an der Unterseite von Ästen und schrägstehenden Stämmen den Tag. Ihre bevorzugten Aufenthaltsorte sind die Ränder von Gewässern, wo sie über das Wasser ragende Äste wählen. Ich sah sie auch an schrägen, aus dem Wasser ragenden Stämmen, die normalerweise mit Flechten bewachsen sind, die ihnen ein fleckiges Aussehen geben. Dort sitzende Fledermäuse werden daher glatt übersehen, weil sie eine hervorragend angepaßte Schutzfärbung haben. Man erkennt sie am ehesten, wenn man die Äste oder Stämme im seitlichen Profil betrachtet. Dann sieht man die „Nasen“ der dicht hintereinander, wie aufgereiht sitzenden Fledermäuse, so daß die Unterseite des Astes oder Stamms „gesägt“ wirkt. Nähert man sich vorsichtig mit dem Boot, so kann man bis auf wenige Meter an sie herankommen. Dann fliegen alle plötzlich auf, um sich an einer ähnlichen Stelle wieder hinzusetzen. Es sind meist um ein Dutzend oder mehr Exemplare, die mit dem Kopf nach unten so am Stamm angepreßt sind, daß man von der Seite nur die sich abhebenden Nasen sieht. Die Fledermäuse erinnern in dieser Haltung an gewisse Nachtschmetterlinge am Tagesruheplatz. Wird es dunkel, so jagen die Nasenfledermäuse dicht über der Wasseroberfläche Insekten. Ich habe diese interessanten Tiere nur an stehenden oder träge fließenden Gewässern im Amazonasbecken beobachtet. Die Art ist aber weiter verbreitet. Sie gehört zu den Emballunoriden, einer Fledermausfamilie, deren sämtliche Vertreter dünne Schwänze haben, die nur im oberen Drittel in die Schwanzflughaut eingeschlossen sind. Dann kommen sie frei auf der Oberseite derselben hervor.

Wie bereits mehrfach erwähnt, ist das Amazonasbecken sehr wasserreich, was man beim Überfliegen des Gebiets besonders deutlich sieht. Vom Flugzeug aus wird man aber feststellen, daß manche Gewässer hell, andere wieder dunkel gefärbt sind. Man spricht daher von Weiß- und Schwarzwasserflüssen. Erstere sind Flußläufe mit trübem, lehmigbräunlichem Wasser, während die anderen klar und frei von Trübstoffen sind. Letztere kann man noch in Klarwasser- und eigentliche Schwarzwasserflüsse unterteilen, wobei der Unterschied darin liegt, daß das klare Wasser der eigentlichen Schwarzwasserflüsse durch Huminstoffe dunkel gefärbt ist. Ein solcher typischer Schwarzwasserfluß ist der *Rio Negro* in Brasilien, dessen Wasser man nach der Einmündung in den Weißwasserfluß Amazonas noch auf einer langen Strecke verfolgen kann.

An den Ufern vieler langsam fließender oder stehender Gewässer bilden sich Schwimmteppiche aus Pflanzen, vor allem aus Wasserhyazinthen. Diese „schwimmenden Wiesen“ sind im Amazonasgebiet die Stätten mit der höchsten Lebensfülle und der größten Bioproduktion. Bis zu 130000 Kleintiere wurden hier auf einem Quadratmeter gezählt, die Fische, die sich von ihnen ernähren, nicht mitgerechnet. Kein Wunder, daß auch die Fischfauna arten- und individuenreich ist. Aus dieser möchte ich lediglich eine Gruppe herausgreifen, die allgemein so übel beleumundet ist: die *Pirañas.*

Pirañas gehören zur Familie der Sägesalmler. Man kennt etwa 40 verschiedene Arten. Von diesen sind es vielleicht fünf, die dem Menschen unter Umständen gefährlich werden können. Aber auch diese sind normalerweise harmlos. In vielen Gewässern Südamerikas baden Menschen, ohne zu wissen, daß es hier zahlreiche Pirañas der „gefährlichen“ Arten gibt. Kritisch wird die Situation erst dann, wenn in der Trockenzeit die Gewässer soweit austrocknen, daß Nebenarme vom Hauptstrom abgetrennt werden, bzw. daß von diesem nur noch durch dünne Rinnsale verbundene Tümpel übrigbleiben. Die Pirañas leiden dann nach einiger Zeit unter Nahrungsmangel und greifen in Scharen alles an, was sich ins Wasser wagt. Ein ganzes Schwein wird dann in Minutenschnelle von den Fischen skelettiert. Dasselbe gilt für Menschen.

Pinseläffchen, ein charakteristischer Waldbewohner im tropischen Südamerika

Obwohl Pirañas kaum größer werden als ein mittlerer Brassen, können sie durch ihr Auftreten in Schwärmen sowie durch ihr kräftiges, messerscharfes Gebiß Großtieren und Menschen gefährlich werden. Wie aber bereits gesagt, kommt es zu solchen Situationen nur in besonders gelagerten Fällen. Trotzdem sollte man nie leichtsinnig sein!

Daß Pirañas bei stark schwindendem Nahrungsangebot auch größere Tiere angreifen, ist eine Anpassung im Kampf ums Überleben. In extremen Trockenperioden kommen nämlich Hirsche, Wasserschweine usw. zu verbliebenen Tümpeln, um zu trinken oder zu baden. Für die Pirañas bietet sich hier eine Möglichkeit zur Ernährung, die genutzt wird.

Der Rio Napo ist ein Weißwasserfluß. In seiner Breite ist er etwa mit dem Rhein vergleichbar, manchmal sogar noch breiter. Er weist zahlreiche Sandbänke und bewaldete Inseln auf, von deren eine, die *„Isla de Monos"*, hin und wieder von Touristen besucht wird. Sie heißt so, weil im dichten Waldbestand *Braune Wollaffen* leben, die man mit etwas Glück recht gut beobachten kann.

Wenn man die Wälder Südamerikas mit denen Afrikas vergleicht, so wird sehr bald deutlich, daß man hier viel seltener Affen zu Gesicht bekommt als dort. Sehr verbreitet sind kleine *Krallenäffchen,* die zu einer relativ artenreiche Familie gehören. Alle sind etwa rattengroß; einige haben hübsche Haarbüschel in der Ohrgegend. Man bezeichnet sie deshalb als *Pinseläffchen.* Diese possierlichen Kobolde verzehren zu einem hohen Prozentsatz Insekten und deren Larven. Ihre Stimmen sind hoch pfeifend und erinnern fast an die von Vögeln. Im Amazonasbecken und in Zentralbrasilien sind die *Marmosettäffchen* die verbreitetsten dieser Familie. Weitere typische Affen Südamerikas sind u. a. die langbeinigen *Klammeraffen,* die einen langen Greifschwanz haben, und die *Brüllaffen,* deren kräftige Stimmen sie vor allem morgens und abends verraten.

An stillen Altwässern des Rio Napo sowie im umgebenden Sumpfwald lebt der *Flachlandtapir,* kurz Tapir genannt. Er ist der größte Säuger des Amazonasgebietes und gleichzeitig auch das größte Landsäugetier Südamerikas. Tapire sind merkwürdige Tiere. Es gibt nur vier Arten auf unserer Erde. Davon leben zwei in Südamerika, eine in Mittelamerika und eine in Asien. Sie sind erdgeschichtlich gesehen eine sehr alte Säugetiergruppe und quasi als „lebende Fossilien" zu betrachten.

So mächtig Tapire auch sind, so schwierig ist es doch sie zu beobachten. Ich hatte bisher nur einmal das Glück, im Morgengrauen ein stattliches Exemplar auf kurze Distanz zu sehen. Spuren von Tapiren fand ich dagegen oft. Tapire sind überwiegend nacht- und dämmerungsaktiv. Deshalb sieht man sie fast nur dort einmal bei Tageslicht, wo ihnen nicht nachgestellt wird.

Im April 1981 unternahmen wir eine Exkursion zu einem toten Nebenarm des Rio Napo, der im Wald eine langgestreckte Lagune bildet. Im Gegensatz zum Fluß hat dieser See Schwarzwasser. In ihm, bzw. in den Verlandungsbeständen und dem anschließenden Sumpfwald sollen noch große Mohrenkaimane vorkommen. Aber auch ohne diese ist es lohnend, das Gebiet zu besuchen. Um die Lagune zu erreichen, muß man vom Ufer des Rio Napo einige Kilometer durch noch unberührten Urwald wandern, dessen Boden sehr feucht, an vielen Stellen auch sumpfig ist. Natürlich leben hier Schnecken, von denen die größten doppelt faustgroße Gehäuse haben. Sie sind mit jenen verwandt, die im ersten Kapitel bei der Tierwelt Nordargentiniens erwähnt wurden.

Papageien, Tyrannen, Ameisenvögel und Zikaden erfüllen mit ihren Stimmen das dämmrige Waldesinnere. Haben sich die Augen an die Dämmerung gewöhnt, so findet man an verschiedenen Baumstämmen Ansammlungen von Insekten, die an mittelgroße Nachtschmetterlinge erinnern, am Hinterleibsende aber flaumartige Anhänge haben. Eine

Untersuchung der Mundwerkzeuge ergibt einen geraden Saugrüssel. Es sind *Zikaden,* allerdings keine, die laute Gesänge hervorbringen. Diejenigen, die dies können und tun, halten sich meist in höheren Regionen der Bäume auf. Unter diesen gibt es recht große Arten, die eine Körperlänge von mehreren Zentimetern erreichen können.

Zikaden gehören, wie die Wanzen, zu den Schnabelkerfen und sind Säftesauger. Daher haben sie einen stabilen Stech- und Saugrüssel. Alle Zikaden leben ausschließlich von Pflanzensäften. Im Gegensatz zur lokal verbreiteten Meinung, stechen sie niemals Menschen oder Tiere.

Die meisten der unzähligen Arten von Zikaden können keine kräftigen stimmlichen Lautäußerungen erzeugen. Dazu sind nur die *Singzikaden* befähigt. Diese besitzen auf ihrer Unterseite eine Chitinmembran, die durch Muskelbewegung in Schwingung gebracht wird und dann wie der Boden einer Blechdose funktioniert, den man eindrückt und wieder ausschnappen läßt. So werden die unterschiedlichen Lautäußerungen der verschiedenen Singzikaden erzeugt, die man nach ihren Gesängen artlich unterscheiden kann (was aber große Erfahrung voraussetzt). Es sind übrigens nur die Männchen, die „Gesänge" hervorbringen können. Mit diesen locken sie die stummen Weibchen an.

Neben Zikaden und anderen Insekten, vor allem Ameisen, beobachteten wir im Sumpfwald am Rio Napo einen Großschmetterling, der an das Leben in der Dämmerung bestens angepaßt ist: den *Schattenmorpho,* eine Brassolide. Er ist kein echter Morpho.

Morphos sind mehr oder weniger große Tagfalter, von denen sich die meisten Arten durch prächtige blaue Schuppen auf den Flügeloberseiten auszeichnen. Dieses Blau stellt jedoch keine echte Farbe dar, sondern beruht auf Lichtbrechung. Durch die besondere Struktur der braun gefärbten Schuppen auf der Oberseite der Flügel wird das auftreffende Licht so gebrochen, daß die derart strukturierten Partien der Flügel blau glänzen. Wegen ihrer prächtigen Flügel werden Morphos leider gebietsweise in Massen gefangen, um sie zu Souvenirs und anderem Tand, wie Schmetterlingsmosaiken oder ähnlichen „Kunstwerken", für Touristen zu verarbeiten. Dem Schattenmorpho, einer etwa handgroßen Art, fehlt der blaue Glanz auf den Flügeln völlig. Er ist oberseits dunkelbraun. Er lebt ständig im Dämmerlicht der unteren Regionen des Regenwaldes, und eine auffallende Färbung würde ihn dort gefährden. Wohl deshalb fehlt bei dieser Art und anderen Brassoliden die „Blaustruktur". Die Unterseiten der Flügel weisen jedoch ähnliche „Augenzeichnungen" auf, wie die der großen Morphos, die aber zu einer anderen Familie gehören. Die Zeichnungen sollen anscheinend Freßfeinde verwirren.

In dem hier genannten Teil des Regenwaldes im Amazonasbecken hatten meine Frau und ich sowie einige Freunde das seltene Glück, eine *Harpyie* in freier Wildbahn zu sehen. Allerdings nur für einen kurzen Augenblick.

Wir bewunderten gerade einen vor uns auf einem Bambusstengel sitzenden Schattenmorpho, als aus nicht allzugroßer Entfernung ein gedehnter Pfiff die Geräuschkulisse aus Zikadenlärm und Vogelgezwitscher durchbrach. Unser einheimischer Führer erstarrte förmlich und flüsterte halblaut: „Harpía!" Dann fragte er flüsternd, ob er den Vogel anlocken solle. Wir bejahten mit stummen Kopfnicken. Daraufhin imitierte er den soeben gehörten Ruf täuschend ähnlich. Nichts tat sich. Noch einmal pfiff unser Führer den Harpyienruf. Wieder keine Antwort. Doch, noch ehe eine dritte Imitation erfolgen konnte, glitt ein mächtiger Schatten zwischen den Wipfeln der Urwaldriesen hindurch und verschwand. Leider war der Vogel durch das relativ dicht geschlossene Dach mittelhoher Bäume so verdeckt, daß man nur die Silhouette mit dem auffallend langen Schwanz erkennen konnte. Auf mich machte sie den Eindruck, als stamme sie von einem riesigen

Oben links: Die Aucas halten Papageien und Affen als Haustiere. Diese Frau spielt mit einem Wollaffen. *Oben rechts:* Auca-Frau bei der Küchenarbeit. Neben dem Feuer ein Cuvier-Tukan, auf dem Rücken der Frau eine Gelbstirn-Amazone. *Unten links:* Auca-Mädchen. *Unten rechts:* Auca kehrt mit Jagdbeute (Nasenbären) ins Dorf zurück.

Sperber. Wie dieser, so ist ja auch die Harpyie ein Überrumpelungsjäger und somit bestens an das Leben in der Kronenregion des tropischen Regenwaldes angepaßt. Weitere Imitationen des Rufes erbrachten keinen Erfolg mehr.

Wir setzten unseren Weg fort, um rechtzeitig die Lagune zu erreichen. Dort angekommen, ruderten wir in einem Einbaum am dichtbewachsenen Ufer entlang, um die Tierwelt zu beobachten. Besonders auffallend waren hier die Hoatzins, die in Trupps durchs Gebüsch zogen und dabei ihre heiseren Rufe hören ließen. An aus dem Wasser ragenden Stämmen sowie an der Unterseite niedrig über die Wasseroberfläche hängender, stärkerer Ästen, ruhten Nasenfledermäuse, die wir in vielen Fällen erst dann entdeckten, wenn die ersten schon aufflogen.

Einer besonderen Bemerkung wert sind die *Jakamare* oder *Glanzvögel,* die wir mehrfach beobachteten, wie sie – ähnlich Eisvögeln oder Bienenfressern – auf Zweigen saßen, die über das Wasser ragten. Von da aus machten sie plötzlich einen kurzen „Flugsprung" und kehrten mit einem Insekt im Schnabel zum Warteplatz zurück. Wie Kolibris haben die Glanzvögel ein metallisch schillerndes Gefieder, dessen Farben auf die gleiche Weise wie bei diesen zustandekommen. Mit ihrem langen Schnabel und in der Körperform erinnern sie sehr an Bienenfresser oder Spinte, deren ökologische Rolle sie auch weitgehend im tropischen Amerika spielen, wo es jene nicht gibt. Sie sind auf die Alte Welt beschränkt. Wie die Spinte, so graben auch die Glanzvögel ihre Bruthöhlen in Uferböschungen und jagen wie diese von Warten aus auf Insekten. Wieder ein Fall von Konvergenz!

Die Verhältnisse, wie sie hier für das Rio Napo-Gebiet geschildert wurden, gelten im allgemeinen für den gesamten Amazonasurwald, dessen größter Teil zu Brasilien gehört. Noch gibt es hier Regionen, die das Prädikat „Naturparadies", nicht aber die törichte Bezeichnung „Grüne Hölle" verdienen. Dies kann sich aber schnell ändern, wenn die Entwicklung so weitergeht wie bisher. Wir können dies an einem Zitat aus dem Tagebuch von Charles Darwin erkennen: *„Wenn man den ungeheuren Flächenraum betrachtet, den Brasilien einnimmt, so kann das bebaute Land kaum in Anschlag gebracht werden, im Vergleich zu dem, das sich noch im Naturzustande befindet; welch ungeheure Bevölkerung wird es in einem künftigen Zeitalter ernähren!"* Darwin sah voraus, daß der Mensch künftig stark die Natur beeinflussen werde. Er fehlte aber in der Annahme, der gerodete Urwaldboden sei fruchtbar und könne als Ackerland zur Ernährung der Bevölkerung herangezogen werden. Wie vor 150 Jahren er, so irren heute immer noch viele bezüglich der ökologischen Einschätzung des tropischen Regenwaldes. Ich bin auf dieses Thema bereits bei der Behandlung des Nationalparks Iguazú zu sprechen gekommen. Die Situation ist wirklich sehr ernst, und die Zeitbombe für eine ökologische Katastrophe tickt!

Wir haben erfahren, was für komplizierte und hervorragend funktionierende Anpassungen es im Kampf ums Überleben gibt, denen ja letztlich die Formenvielfalt des amazonischen Regenwaldes zu danken ist. Er aber bildet das empfindlichste Ökosystem unserer Erde! Es kann sehr leicht aus dem Gleichgewicht gebracht werden. Folgen davon haben die Bewohner Nordost-Brasiliens bereits zu spüren bekommen. Der Bevölkerung, der man lange Zeit die Segnungen des technischen Fortschritts gepredigt hat, klarzumachen, daß sie nun umdenken und „Unland" erhalten muß, ist gewiß nicht leicht. Der Schritt muß aber getan werden, um die erwähnte Katastrophe zu verhindern!

Der „Ökotourismus", d. h. naturkundlich ausgerichteter Tourismus, kann in manchen Fällen eine Hilfe sein, die Einheimischen den Wert von Natur erkennen zu lassen. Allerdings wird hier leider allzuoft des Guten zu viel getan, und der Tourismus erweist sich dann als Bumerang.

Galapagos – eine Welt für sich

Es ist, als ob Charles Darwin auf seiner Forschungsreise um die Welt geahnt hätte, daß der Besuch der *Galapagosinseln* für ihn schicksalhafte Bedeutung haben würde. So schrieb er im Juli 1835 aus Lima an seinen Vetter Fox folgende Zeilen: *„Den Galapagos sehe ich mit größerem Interesse entgegen, als irgend einem anderen Teil der Reise.“*

Tomas Berlanga, der Bischof von Panama, entdeckte die bis dahin unbekannte Inselgruppe, als er im Jahre 1535 an ihre Gestade verschlagen wurde. Nach seiner Rückkehr berichtete er von der merkwürdigen Zahmheit der dort lebenden Tiere und von den eigentümlichen Meerechsen und Riesenschildkröten. Nach ihm besuchte Kapitän Diego Rivandeira den Archipel und nannte ihn *„Islas Encantadas“ (Verwunschene Inseln)*. Er war der Meinung, sie trieben auf der Meeresoberfläche.

Jahre später dienten die Inseln als Unterschlupf für englische Seeräuber, auf die auch die englischen Namen der Inseln zurückzuführen sind. Walfänger aus England machten hier ebenfalls Station. Im Jahre 1832 wurden die Galapagosinseln zum ecuadorianischen Hoheitsgebiet erklärt. Ihren Namen „Galapagos“ erhielten sie wegen der auf den größeren Inseln vorkommenden Riesenschildkröten, die sowohl von Seefahrern als auch von den Siedlern lange Zeit als Frischfleischreserven angesehen wurden. Schildkröte heißt spanisch „galápago“. Offiziell heißen die Galapagosinseln heute in Ecuador „Archipiélago de Colón“ (Kolumbus-Archipel). Der Name Galapagos ist jedoch weitaus gebräuchlicher.

1934 erließ die Regierung von Ecuador Gesetze zum Schutz der Tierwelt auf Galapagos und erklärte 1959 den Archipel zum Nationalpark. Gleichzeitig wurde unter der Schirmherrschaft der UNESCO und der IUCN die internationale Organisation *Charles-Darwin-Foundation for the Galápagos Isles* gegründet, die eine Forschungsstation auf der Insel Santa Cruz unterhält. Dieser umfassende Schutz des Archipels mit seiner einmaligen Tier- und Pflanzenwelt ist in erster Linie dem Einsatz des deutschen Zoologen I. Eibl-Eibesfeldt zu verdanken, der der UNESCO entsprechende Schutzvorschläge unterbreitet hatte, die auf seinen Forschungsergebnissen aus den fünfziger Jahren beruhten. Heute wird die Forschungs- und Naturschutzarbeit auf Galapagos in aller Welt unterstützt, in besonderem Maße von der Zoologischen Gesellschaft Frankfurt von 1858.

Der Galapagos-Archipel ist vulkanischen Ursprungs und besteht aus 10 größeren und über 60 kleinen und kleinsten Inseln. Die mit Abstand größte Insel ist *Isabela* (Albemarle) mit 120 km Länge und 64 km Breite. Die höchsten Erhebungen (Vulkankegel) erreichen etwa 1800 Meter.

Die Vegetation auf den Inseln ist anders, als man sie am Äquator erwartet. Daran ist der kalte Humboldtstrom schuld, der, aus dem südöstlichen Pazifik kommend, von der Küste abbiegt und auf die Galapagos-Inseln trifft. Die Küstenzonen sind halbwüstenartig trocken mit Kakteen und stacheligem Buschwerk bewachsen. Manche Inseln, vor allem im Westen des Archipels, weisen überwiegend solche Vegetation auf. Die höheren Lagen der größeren Inseln im Osten, wie z. B. von *Santa Cruz,* sind mit Regenwäldern bedeckt, die üppige

Nächste Seite. Oben: Abendstimmung auf Bartolomé. Es hängt von uns ab, ob diese „Welt für sich“ erhalten werden kann! *Unten:* Kraterlandschaft auf Bartolomé. – *Übernächste Seite. Oben:* Das Darwinskraut gehört zu den typischen Pflanzen auf den Aschenhängen der Insel Bartolomé. Auf dem Felsbrocken sitzt eine Lavaechse. *Unten:* Zu den ersten Besiedlern der vulkanischen Inseln zählen Kakteen.

Vegetation aufweisen. Dies hängt damit zusammen, daß sich die durch den Humboldtstrom abgekühlte Meeresluft erst über dem Land langsam erwärmt und dabei Feuchtigkeit aufnimmt. Diese gibt sie dann durch erneute Abkühlung beim Aufsteigen in größere Höhen wieder ab. Die Küstenzonen bleiben dagegen trocken, weil der vom Meer zum Land streichende Wind über dem kalten Humboldtstrom so abgekühlt wird, daß er keine Feuchtigkeit aufnehmen kann.

Manche Inseln, wie z. B. Bartolomé, sind völlig mit Kratern, in Fladen erkalteter Lava und mit Asche bedeckt; so entsteht der Eindruck, als hätte erst kurz zuvor ein schwerer Vulkanausbruch stattgefunden. Ähnliches kann man im Küstenbereich der *Insel James* (Santiago) beobachten. Diese Insel wurde 1835 von Charles Darwin besucht. Er schrieb folgendes in sein Tagebuch: *„Die Naturgeschichte dieser Inseln ist außerordentlich merkwürdig und der Betrachtung wert. Wenn wir auf dem Gipfel jeder Erhebung einen Krater und die Abgrenzung der meisten Lavaströme noch ganz deutlich erkennbar sehen, so werden wir zu der Ansicht gelangen, daß in einer geologisch neuen Periode der Ozean sich hier noch ununterbrochen ausbreitete. Somit scheinen wir in Raum und Zeit dem großen Faktum – dem Geheimnis aller Geheimnisse – dem ersten Erscheinen neuer Geschöpfe aus tiefer Erde, etwas nähergebracht.“*

Tatsächlich ist der Meeresgrund vor der südamerikanischen Küste keineswegs ruhig. Hier schieben sich Teile der Erdkruste übereinander, wodurch die zahlreichen Erdbeben in diesem Raum zu erklären sind.

Das Klima auf den Inseln wird durch 3 Faktoren bestimmt: Erstens durch ihre Lage am Äquator, zweitens durch den kalten Humboldtstrom und drittens durch den warmen Niñostrom.

Etwa um die Weihnachtszeit wird im allgemeinen der Humboldtstrom durch den von Nord-Ost kommenden *Niño-Strom* etwas nach Süden abgedrängt. Der Ninõ-Strom (spanisch = Kind) hat warmes Wasser, so daß die Luftfeuchte im Bereich der Inseln ansteigen und – an der Küste allerdings nur geringfügige – Regenfälle bringen kann. Im Kapitel „Am Humboldtstrom“ wurde über ähnliche Verhältnisse in Peru berichtet. Diese Regenfälle müssen den hier lebenden Pflanzen genügen, denn etwa im April endet die Regenzeit. Zwischen Mai und Dezember fällt normalerweise nur Niederschlag in Form von Nebelnässe, der sogenannten *Garúa*. Diese bereits erwähnte Garua entsteht durch Inversion. Daß es dazu kommt, ist auf den Humboldtstrom zurückzuführen.

Galapagos ist heute noch ein Zauberwort für Naturfreunde, besonders für Ornithologen. Fast nirgends mehr auf unserer Erde findet man eine so eigentümliche Tierwelt, die dazu kaum Scheu vor Menschen zeigt. Kein Wunder, daß Charles Darwin so begeistert war, als er im Jahre 1835 diese Inseln besuchte und hier grundlegende Ergebnisse für sein aufsehenerregendes Werk „Die Entstehung der Arten“ sammelte. Dabei erkannte er, daß durch Anpassung an bestimmte ökologische Bedingungen aus einer Tierart verschiedene Arten entstehen können, vor allem dann, wenn die einzelnen Populationen der ursprünglichen Art voneinander isoliert werden. In der Inselwelt des Galapagos-Archipels treffen unterschiedliche Lebensbedingungen und Isolierung zusammen. Die Entstehung verschiedener Arten aus nur einer, quasi durch natürliche *Zuchtwahl,* gilt auch heute noch als Ursache für die Entwicklung von 13 Arten der Darwin-Finken. Sie dürften auf eine Vogelart zurückgehen, die irgendwann einmal die Galapagos-Inseln vom südamerikanischen Festland aus erreichte und hier verschiedene ökologische Nischen besetzte.

Bei diesen *Darwin-Finken* haben sich unterschiedliche Schnabelformen in Anpassung an die jeweilige Ernährungsweise entwickelt. So gibt es beispielsweise die *Grundfinken,* bei

Oben: Krater auf Isabela. Zur Trockenzeit wirken die Bestände der Palo Santo-Bäume wie ein Geisterwald. *Unten:* Puerto Ayora auf Santa Cruz. In den Hochlagen stauen sich Regenwolken. – *Nächste Seite:* Zur Regenzeit wirkt der Palo Santo-Wald geradezu freundlich (Insel Santiago). *Übernächste Seite:* Regenwald auf Santa Cruz. Hier leben Elefantenschildkröten.

denen die Männchen zur Brutzeit überwiegend schwarz gefärbt sind, mit kräftigem Körnerfresserschnabel, den kleinen *Laubsängerfinken* mit feinem Insektenfresserschnabel, der in seinem Erscheinungsbild fast an einen Laubsänger erinnert, und schließlich den *Spechtfinken* mit fast spechtartigem Meißelschnabel. Letzterer sucht vor allem Insektenlarven in morschem Holz und holt sie mit einem Kaktusstachel, den er wie ein Stocherstäbchen gebraucht, aus ihren Bohrgängen heraus. Spechte tun dies mit ihrer langen Zunge, die dieser Darwin-Fink nicht besitzt. Dieser Werkzeuggebrauch des Spechtfinken, der den Stachel geschickt in den Schnabel nimmt und damit in Bohrgängen herumstochert, ihn ab und zu weglegt, dann wieder aufnimmt, wurde sehr eindrucksvoll von Heinz Sielmann gefilmt.

Daß es unter Darwin-Finken auch ausgesprochene Nahrungsspezialisten gibt, erkennt man am Beispiel des *Kaktusfinken,* der sich in erster Linie von Kakteenblüten ernährt. Die besonders in höheren Lagen lebenden *Baumfinken* ernähren sich vor allem von Insekten und Früchten, während die Grundfinken, von denen der kleine Grundfink am häufigsten anzutreffen ist, vor allem harte Sämereien fressen.

So unterschiedlich die Arten der Darwin-Finken aussehen, so ähnlich ist aber ihre Fortpflanzungsbiologie, was auf enge Verwandtschaft hinweist und auf gemeinsame Vorfahren schließen läßt. So bauen alle Arten mehr oder weniger kugelige Nester mit seitlichem Einschlupf. Bei allen Arten bebrütet nur das Weibchen zwölf Tage lang das Gelege. Gesänge und Lautäußerungen sind bei allen Arten recht einfach und einander ziemlich ähnlich. Diese Fakten sprechen dafür, daß alle 13 Spezies nahe miteinander verwandt sind. Wie der gemeinsame Ahn der Darwin-Finken allerdings aussah, ist unsicher. Es gibt mehrere Hypothesen, von denen aber keine bisher als gesichert zu betrachten ist.

Auf den Galapagos-Inseln sind rund 100 verschiedene Vogelarten nachgewiesen, von denen 28 endemisch sind, also nur dort vorkommen. Neben den 13 Arten von Darwin-Finken sind folgende endemische Vogelarten bemerkenswert: Der *Galapagos-Pinguin,* der *Galapagos-Albatros,* der nur auf der Insel *Española* (Hood) brütet, der *Galapagos-Kormoran,* der seine Flugfähigkeit verloren hat, der *Lava-Reiher,* der vermutlich nur eine angepaßte Form des ebenfalls auf Galapagos vorkommenden *Mangrove-Reihers* darstellt, die *Gabelschwanzmöwe,* die *Lavamöve,* der *Galapagos-Bussard,* die *Galapagos-Taube,* der *Galapagos-Tyrann* sowie drei Arten von *Spottdrosseln* der Gattung *Nesomimus.* Außerdem gibt es noch zahlreiche endemische Unterarten von solchen Spezies, die auch auf dem Festland vorkommen, wie z. B. eine besondere Form der *Sumpfohreule.*

Interessant ist das Vorkommen von Pinguinen am Äquator. Dies ist nur deshalb möglich, weil mit dem kalten Humboldtstrom zahlreiche kleine Meerestiere, die Nahrung der Pinguine, in die Gewässer um die Galapagos-Inseln kommen. Die nur etwa zwei kg schweren und 50 cm großen Galapagos-Pinguine sind mit dem Magellanpinguin und dem Humboldtpinguin verwandt. Sie brüten in Lavaspalten, bilden aber keine besonders großen Kolonien. Ihr Gesamtbestand wird auf nur etwa 2000 Vögel geschätzt. Als endemische Formen müssen sie daher – wie alle Galapagos-Tiere – als besonders bedroht angesehen werden. Pinguine sind bekanntlich nur auf der Südhalbkugel verbreitet. Ihr nördlichstes Vorkommen befindet sich auf den Galapagos-Inseln. Sie stellen auf der südlichen Hemisphäre die ökologischen Vertreter der auf die Nordhalbkugel beschränkten Alken und Lummen dar. Letztere sind allerdings im Gegensatz zu den Pinguinen flugfähig. Nur der 1844 ausgerottete Riesenalk, der auf Felseninseln bei Island lebte, war ebenfalls flugunfähig.

Besonders bemerkenswert ist der bereits erwähnte *Galapagos-Kormoran.* Da es auf

Oben: Sich suhlende Elefantenschildkröte. *Unten:* Verwilderte Ziegen vernichten das Grün auf den Inseln. – *Nächste Seite. Oben:* Landleguan oder Drusenkopf von der Insel Plaza. *Unten:* „Blow Hole" an der Küste der Insel Hood. – *Übernächste Seite. Oben:* Mittlerer Grundfink von der Insel Baltra. Männchen im Schlichtkleid. *Unten:* Kleiner Grundfink von der Insel Floreana. Männchen im Brutkleid.

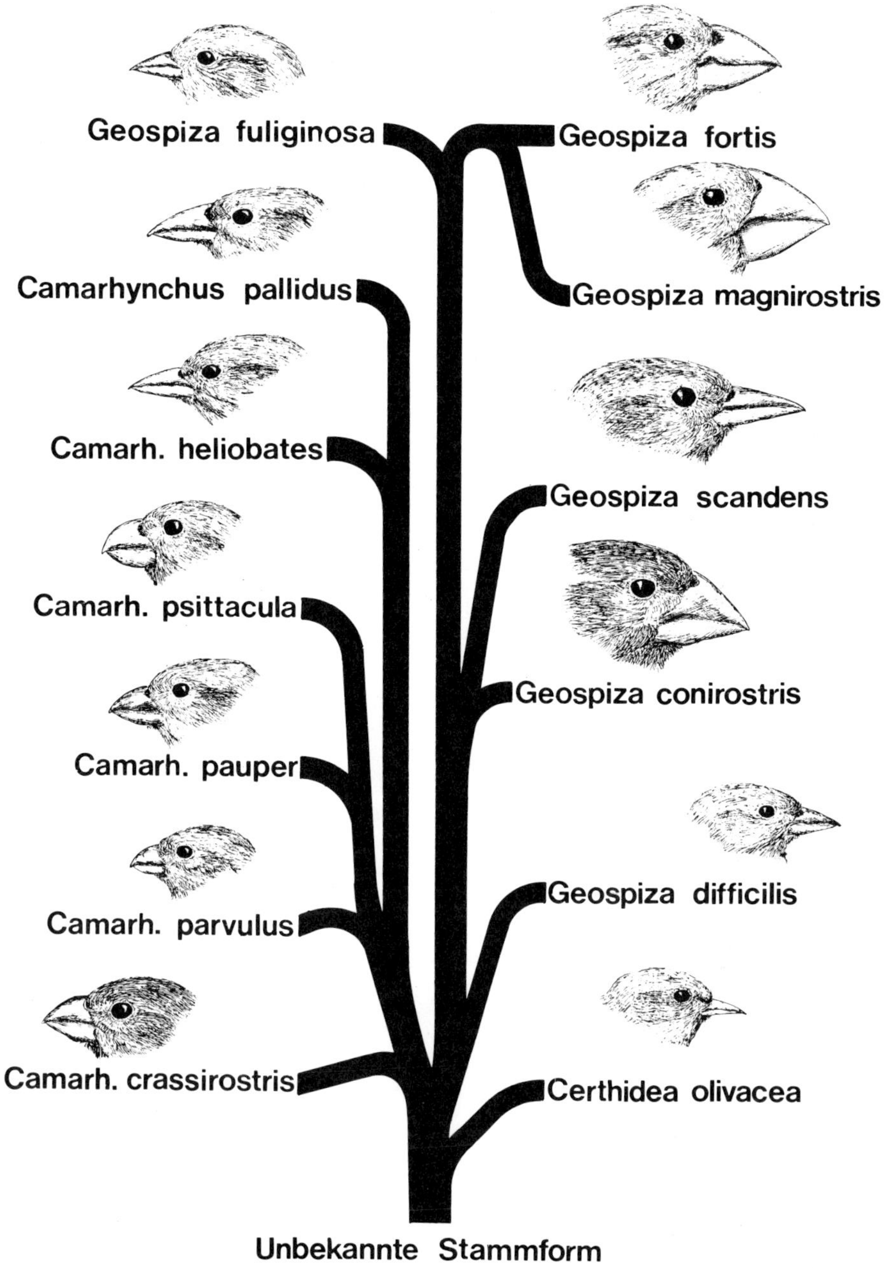

Vermutlicher Stammbaum der Darwinfinken
Certhidea olivacea = Laubsängerfink, *Geospiza magnirostris* = Großer Grundfink, *G. fortis* = Mittlerer Grundfink, *G. fuliginosa* = Kleiner G., *G. difficilis* = Spitzschnabel-G., *G. scandens* = Kaktusfink, *G. conirostris* = Großer Kaktusfink, *Camarhynchus crassirostris* = Pflanzenfresserfink, *C. parvulus* = Kleiner Baumfink, *C. pauper* = Mittlerer B., *C. psittacula* = Großer B., *C. pallidus* = Spechtfink, *C. heliobates* = Mangrovefink. Der zu den Darwinfinken zählende Kokosfink *(Pinaroloxias inornata)* ist wohl mit dem Laubsängerfinken am nächsten verwandt. Er kommt nicht auf Galapagos, sondern auf den Kokos-Inseln vor.

Oben links: Kaktusfink von der Insel Santa Cruz. Männchen im Brutkleid. *Oben rechts:* Kleiner Baumfink von Santa Cruz. *Unten links:* Laubsängerfink von Santa Cruz. *Unten rechts:* Spechtfink von der Insel Isabela. – *Nächste Seite. Oben:* Galapagos-Albatros im Flug vor der Küste von Hood. *Unten:* Brutplatz der Albatrosse auf der Insel Hood. – Übernächste Seite: Galapagos-Albatros. Fast erwachsener Jungvogel.

diesem Archipel keine Landraubtiere gibt, konnte es sich der Kormoran leisten, sekundär seine Flugfähigkeit zu verlieren. Er hat zwar noch Flügel, diese sind aber im Vergleich zu denen der anderen Kormorane stark rückgebildet. Wenn er sie ausbreitet, so sieht man deutlich, daß er mit ihnen gewiß nicht fliegen kann. Der Galapagos-Kormoran ist noch seltener als der Pinguin dieses Archipels; sein Gesamtbestand beträgt nur noch einige hundert Paare, die unter ständiger Kontrolle der Charles-Darwin-Station stehen, wobei unter anderem Grundlagen für den Schutz dieser Art erforscht werden sollen.

Auch der *Lava-Reiher* ist ein gutes Beispiel für die Anpassung einer Art an einen bestimmten Lebensraum. Er paßt sich durch seine Gefiederfärbung hervorragend an seine Umwelt aus Lavagestein an. Aller Wahrscheinlichkeit nach handelt es sich beim Lava-Reiher nicht um eine eigene Art, sondern um eine ökologische Variante des in Südamerika weit verbreiteten Mangrove-Reihers, der auf Galapagos neben dem Lava-Reiher vorkommt. Man trifft allerdings auch Bastarde zwischen beiden Formen an. Vielleicht haben wir eine Art „in statu nascendi" vor uns. Die Schutzfärbung trägt er vermutlich wegen eines Luftfeindes, des Galapagos-Bussards.

Während der Lava-Reiher die felsigen Küsten nach Nahrung absucht, die vor allem aus kleinen Krabben besteht, findet man den Mangrove-Reiher vor allem in den Mangrovebeständen.

An den Stränden der meisten Inseln trifft man Seelöwen an. Sie stammen vermutlich vom kalifornischen Seelöwen ab und gelangten einst im Gefolge des Niño-Stroms zu diesem Archipel. Inzwischen haben sie sich durch Isolation zu einer eigenen Art, dem *Galapagos-Seelöwen,* entwickelt.

Eine besondere Form stellt auch der *Galapagos-Seebär* dar. Diese Robbenart ist auffallend klein und hat einen bemerkenswert dichten Pelz. Sie wird daher auch als „Pelzrobbe" bezeichnet. Ein besonders guter Platz zur Beobachtung der Galapagos-Seebären befindet sich am Strand der Insel James. Dort kann man diese Tiere auch sehr schön mit den hier ebenfalls vorkommenden Galapagos-Seelöwen vergleichen. Die Pelzrobbe ist wegen ihrer Seltenheit als sehr bedroht anzusehen.

An den z. T. unwirklich anmutenden Lava-Küsten leben Wesen, deren Anblick uns um Jahrmillionen zurückversetzt: die *Meerechsen.* Sowohl die Meerechsen als auch die beiden auf Galapagos lebenden Landleguanarten stammen von Exemplaren eines gemeinsamen Leguanvorfahren ab, die einst – vermutlich mit Treibholz – von der südamerikanischen Küste an die Gestade von Galapagos gelangten. Um überleben zu können, mußten sich die Ahnen der Galapagosechsen an die vorhandenen Lebensmöglichkeiten anpassen. Eine Art verlegte ihren Lebensraum an die Küste, um sich dort von Tang und unter Wasser abgeweideten Algen zu ernähren. Die beiden anderen Arten zogen sich ins Innere der Insel zurück, um dort von grünen Landpflanzen, vor allem von Kakteen, zu leben. Das in dieser kargen Nahrung enthaltene Wasser muß ihnen reichen, ihren Flüssigkeitsbedarf zu decken. Meerechsen können Salzwasser verwerten und das überschüssige Salz durch besondere Drüsen in der Nasenhöhle wieder ausscheiden. Beobachtet man eine Gruppe von Meerechsen längere Zeit, so kann man dieses ruckartige Ausstoßen von Salzlösung in Form eines Strahles aus den Nasenlöchern feststellen.

Meerechsen sind gesellige Tiere. Zur Fortpflanzungszeit scharen die Männchen einen Harem von Weibchen um sich. Die Lavaklippen an den Gestaden vieler Inseln sind zu dieser Zeit von den Leibern dieser „Urwelttiere" geradezu bedeckt. Jedes Männchen bewacht eifersüchtig seinen Besitz. Kommt ein Rivale in die Nähe, so wird im Imponiergehabe diesem mit halbgeöffnetem Maul und mit einem ruckartigen Nicken begegnet. Häufig droht

Galapagos-Albatros, Altvogel. Man beachte die Nasenröhren. – *Nächste Seite. Oben:* Maskentölpel am Brutplatz. *Unten:* Junger Maskentölpel. – *Übernächste Seite. Oben:* Blaufußtölpel bei der Balz: Das Männchen lüftet die Flügel, zeigt mit dem Schnabel himmelwärts und läßt ein gedehntes Pfeifen hören. *Unten:* Blaufußtölpel mit Dunenjungem.

jener in der gleichen Weise zurück, und es kommt zu einem kurzen Kampf, der die Verhältnisse klärt. Diese Kämpfe sind jedoch keine Beschädigungskämpfe; sie haben mehr den Charakter von Turnieren.

Die Paarung der Meerechsen ist – wie bei Echsen üblich – ein Vergewaltigungsakt. Das Weibchen wird dabei vom Männchen brutal im Genick gepackt. Begattete Meerechsenweibchen vergraben dann ihre Eier im Sand und lassen sie von der Sonnenwärme ausbrüten. Allerdings gibt es nicht an jedem Strand genügend Sand. Das gilt z. B. für die Insel Hood. Dort, wo eine besondere, rot gezeichnete Meerechse lebt, kommt es unter den Weibchen zu heftigen Kämpfen um einen Platz für die Eiablage. Dabei verletzen sich die Tiere oft erheblich. Nicht selten kommt es zu Todesfällen.

Während Meerechsen noch relativ häufig sind, müssen die Landleguane als hochgradig gefährdet angesehen werden. Die auf der Insel *Santa Fé* (Barrington) lebende Art *Conolophus pallidus* ist vom Aussterben bedroht. Auch der häufigere *Conolophus subcristatus* ist stark dezimiert. Zu Darwins Zeiten waren Landleguane auf vielen Inseln in großer Zahl anzutreffen. Er beschreibt sogar, daß an einer Stelle, an der er und seine Begleiter lagern wollten, der Boden so von den Höhlen dieser Tiere durchsetzt war, daß es kaum die Möglichkeit gab, ein Zelt aufzubauen. Heute trifft man diese Tiere nur noch an wenigen Stellen regelmäßig an.

Die beiden Landleguane sind etwa so groß wie Meerechsen, ihr Körper ist jedoch massiger.

Im Gegensatz zu diesen beiden großen Leguanarten sind die kleinen *Kielschwanzleguane* ausgesprochen häufig. Sie ersetzen auf den Galapagos-Inseln ökologisch die Eidechsen, weshalb man sie hier auch Lavaechsen nennt. Es gibt mehrere Arten auf Galapagos. Die Männchen der Kielschwanzleguane haben meist eine schwarze, die Weibchen eine rötlich gefärbte Kehle. Außerdem sind die Männchen größer.

Sowohl die Männchen der kleinen Lavaechsen als auch der großen Landleguane setzen sich zur Fortpflanzungszeit mit Vorliebe auf Felsbrocken, um so ihr Revier anzuzeigen. Eindringlinge werden mit ruckartigem Kopfnicken angedroht.

Nahezu der einzige natürliche Feind der Leguane ist der Galapagos-Bussard. Er hat jedoch den Bestand der großen Echsen nicht dezimiert. Dies geschah vor allem durch verwilderte Hunde, die Siedler mit auf die Inseln gebracht hatten. Auch der Mensch hat lange Zeit diese großen Echsen verfolgt, vor allem um sie als Leckerbissen zu verspeisen.

Ein ähnliches Schicksal wie die Landleguane hatten die Riesen- oder Elefanten-Schildkröten, von denen die Galapagos-Inseln ihren Namen haben. Sie wurden lange Zeit als bevorzugter Reiseproviant der Seefahrer aller Nationen betrachtet. Siedler, die nach und nach auf die Galapagos-Inseln kamen, töteten ebenfalls große Mengen dieser mächtigen Schildkröten, nicht nur um sie zu verzehren.

Neben den Menschen entwickelten sich die von den Siedlern eingeführten Hunde, Schweine und Ziegen zu den schlimmsten Feinden der Schildkröten. Erstere fraßen Jungtiere und Gelege, während die Ziegen das wenige Grün auf den Inseln abweideten. Das Aussterben der Elefanten-Schildkröten stand unmittelbar bevor. Auf einigen Inseln sind sie bereits ausgerottet.

Auch die Elefanten-Schildkröten haben sich auf den Inseln ökologisch angepaßt. So unterscheidet man verschiedene Rassen, die sich vor allem in der Form ihrer Panzer voneinander unterscheiden. Das ist auf unterschiedliche Klimaverhältnisse und Ernährungsbedingungen zurückzuführen.

In der Darwin-Station begann man mit Erfolg, aufgesammelte Gelege dieser Tiere

Blaufußtölpel. – *Nächste Seite. Oben:* Galapagos-Taube. *Unten:* „Darwin-Bay", der Krater auf der Insel Tower (Genovesa). – *Übernächste Seite. Oben:* Lavamöwe. *Unten:* Die Fischfauna der Küstengewässer ist reich. Hier versammeln sich Kugelfische am Ankerplatz eines Bootes.

auszubrüten und die Jungtiere so lange zu halten, bis sie groß genug waren, um nicht mehr von Schweinen oder Hunden gefressen zu werden. Inzwischen konnten einige hundert Schildkröten in ihrem natürlichen Lebensraum ausgesetzt werden. Das ist der durch begraste Lichtungen aufgelockerte Regenwald in den Hochlagen der Insel Santa Cruz. Dort suhlen sich die Schildkröten in Tümpeln, die von Regenwasser gebildet werden. Dabei nehmen sie viel Wasser auf, um trockene Perioden überstehen zu können.

Die Nahrung dieser Riesen besteht aus Grünpflanzen, vor allem Gras, das sie wie Schafe kurz abweiden.

Wo auf Santa Cruz der Lebensraum der Riesen-Schildkröten in offenes Weideland übergeht, lebt der prächtig gefärbte *Rubintyrann.* Dieser Art kann man vielerorts im offenen Gelände des südamerikanischen Festlandes begegnen. Bei der auf Galapagos lebenden Form ist das schlicht gefärbte Weibchen unterseits nicht grau mit einem zartrosa Anflug am Bauch, sondern von der Kehle an gelblich gefärbt.

Das an Stirn und auf der Unterseite kräftig gefärbte Männchen vollführt zur Brutzeit tänzelnde Singflüge über seinem Revier, die bis zu einem gewissen Grade an die einiger Grasmücken erinnern. Dieser, die ökologische Rolle eines Fliegenschnäppers spielende Tyrann ähnelt in seiner Jagdweise tatsächlich einem solchen. Daß man ihn und andere ähnlich lebende Tyrannen, z. B. den nur auf dem Galapagos-Archipel heimischen *Galapagos-Tyrannen,* in der englischsprachigen Literatur als *Flycatcher* bezeichnet, ist deshalb verständlich. Wie wir bereits im ersten Kapitel gehört haben, sind die Tyrannen mit den Fliegenschnäppern nicht verwandt, sondern lediglich als konvergente Entwicklung zu diesen zu betrachten.

Neben der seltenen und meist nur im Bereich von Siedlungen vorkommenden *Schleiereule* sind die einzigen einheimischen Beutegreifer nur *Sumpfohreule* und *Galapagos-Bussard.* Erstere wurde lange Zeit als eigene Art betrachtet. Sie stellt aber nur eine geographische Unterart dieser weit verbreiteten Eulenart dar. Der Galapagos-Bussard dagegen gehört zu den endemischen Vogelarten dieses Archipels und ist der einzige hier heimische Greifvogel.

Größer und kräftiger als unser Mäusebussard, schlägt er Vögel bis zur Größe eines Haushuhns und andere Wirbeltiere bis zu Meerechsen- oder Landleguangröße. Daneben verzehrt er Aas.

Der Galapagos-Bussard gehört zu den Vogelarten, die die geringste Scheu vor den Menschen zeigen. Weil die Siedler in diesen Greifvögeln eine Gefahr für ihr Hausgeflügel sahen, wurde die Art von ihnen in ungeheuerem Maße dezimiert. Heute ist der Galapagos-Bussard selten, und sein Gesamtbestand dürfte sich zwischen 200 und 300 Exemplaren bewegen.

Bei dieser Art kommt es vor, daß sich ein Weibchen mit mehreren Männchen, etwa zwei bis drei, verpaart. Diese helfen dann gemeinsam bei der Aufzucht der Jungen.

Wenden wir uns wieder der Küstenregion zu. Sehr auffallende Tiere der Gezeitenzone sind die leuchtend rot und bläulich gefärbten *Felsen-* oder *Klippenkrabben.* Sie suchen die feuchten Lava-Felsen nach Genießbarem ab. Wenn man sich ihnen nähert, flüchten sie meist seitlich rennend in Spalten oder ins Wasser. Wenn die Krabben außerhalb des Wassers umherlaufen, müssen sie in ihrem Panzer stets Wasser mit sich führen, um die Kiemen zu befeuchten. Deshalb suchen die Tiere immer wieder die Spritzzone auf, um den Wasservorrat zu erneuern.

Eine andere Krabbenart lebt am sandigen Strand. Zur Fortpflanzungszeit graben die Krabbenmännchen bei Ebbe Höhlen in den Sand. Die Scheren dienen dabei als Schaufel.

Oben: Gabelschwanzmöwen. Das Männchen zeigt durch Ablegen eines Steines den künftigen Brutplatz. *Unten:* Gabelschwanzmöwen am Brutplatz. – *Nächste Seite. Oben:* Brutkolonie von Binden-Fregattvögeln auf der Insel Tower. *Unten:* Binden-Fregattvogelpaar am Brutplatz. Vorn das Weibchen. – *Übernächste Seite:* Balzendes Binden-Fregattvogelmännchen.

Bei den Männchen ist eine Schere besonders kräftig ausgebildet. Diese Krebse gehören zu den *Winkerkrabben*. Sie heißen so, weil die Männchen, vor der Wohnhöhle sitzend, mit der vergrößerten Schere winken, um Weibchen auf sich aufmerksam zu machen. Bei Störungen verschwinden die Tiere blitzschnell in ihren Höhlen. Auf Galapagos nennt man sie deshalb Geisterkrabben.

Die Insel Hood liegt im Südosten des Archipels. Die meist sehr starke Brandung hat Höhlungen in das Lavagestein der Felsenküste gefressen. Das von den Wellen herangeführte Wasser wird mit großem Druck durch Ritzen an die Erdoberfläche gepreßt. Die in den Höhlungen vorhandene Luft wird dadurch komprimiert und entweicht mit ungeheuerem Brausen aus den Gesteinsspalten, gefolgt von Wasser. So könnte man fast glauben, einen Geysir vor sich zu haben. Das von den englischen Seeräubern und Walfängern sogenannte „Blow Hole“ ist ein beeindruckendes Beispiel dafür.

Die felsigen Partien auf der Insel Hood werden von *Maskentölpeln* bewohnt. Während die Altvögel auffallend schwarzweiß gefärbt sind, grünlichschwarze Füße und eine dunkle Gesichtsmaske haben, tragen die Jungen ein überwiegend dunkles Gefieder.

Maskentölpel brüten in lockeren Kolonien im felsigen Gelände. Die fast gänsegroßen Vögel bewegen sich auf dem Land unbeholfen. Ihre tolpatschige Bewegungsweise hat ihnen den Namen *Tölpel* eingebracht. Alle Tölpel sind Stoßtaucher. Ihr Kopfprofil gleicht einer Speerspitze. Sowohl auf den Galapagos-Inseln als auch im Bereich der Guano-Inseln vor der peruanischen Küste kann man stoßtauchende Tölpel beobachten.

Maskentölpel brüten direkt auf dem Boden. Lediglich ein paar herbeigetragene Steine oder einzelne Holzstückchen deuten ein Nest an. Da die brütenden Vögel den Kot wegspritzen, bildet sich um den Brutplatz herum oft ein weißer Kreis.

Eine weitere Tölpelart – der *Blaufußtölpel* – ist auf dem Galapagos-Archipel weit verbreitet. Wie der Maskentölpel, kommt er auch außerhalb der Inseln vor.

Blaufußtölpel tragen überhaupt nichts am Brutplatz zusammen. Lediglich bei Balzhandlungen kann man beobachten, daß ein Partner dem anderen ein Stöckchen oder einen Stein mit der Schnabelspitze reicht. Dies ist der letzte Rest von Nestbauhandlungen. Junge, noch am Brutplatz befindliche Blaufußtölpel spielen oft mit kleinen Steinchen oder Stöckchen. Auch dieses Spielen ist als Rest von Nestbauhandlungen zu verstehen, was darauf schließen läßt, daß Vorfahren einmal Nester bauten, wie es verwandte Arten noch tun.

Blaufußtölpel haben ihren Namen von ihren leuchtend blauen Füßen, bei denen alle vier Zehen durch Schwimmhäute verbunden sind. Tölpel gehören zur Ordnung der Ruderfüßer, wie auch die Pelikane und Kormorane.

Zu Beginn der Balzzeit wählen die Männchen einen geeigneten Brutplatz und versuchen dort, vorüberfliegende Weibchen durch Rufe, Verbeugungen mit Flügellüften und gleichzeitigem Zum-Himmel-Zeigen mit dem Schnabel auf sich aufmerksam zu machen. Hat sich das Weibchen in der Nähe des Werbers niedergelassen, so beginnt dieser seine prächtig blauen Füße zur Schau zu stellen, die auch beim Anfliegen an einen Landeplatz präsentiert werden. Wie Tänzer beim bäuerlichen Volkstanz bewegen sich die beiden Partner umeinander herum. Dabei werden die blauen Füße durch langsames Heben und Senken gezeigt. Dazwischen machen die Vögel immer wieder Verbeugungen, verbunden mit dem Zum-Himmel-Zeigen des Schnabels und Flügellüften, wobei ein gedehntes Pfeifen zu hören ist. Die Balz der Blaufußtölpel gehört mit zum eindrucksvollsten Geschehen auf den Galapagosinseln.

Eine weitere Tölpelart, den *Rotfußtölpel,* der im Gezweig der Palo Santo-Bäume ein einfaches Nest baut, kann man am besten auf der Insel *Tower* oder *Genovesa* beobachten.

Porträt eines Rotfußtölpels. Man beachte die „Zähnelung“ der Schnabelränder zum Festhalten schlüpfriger Beute. – *Nächste Seite. Oben:* Rotfußtölpel setzen sich gern auf Bäume, wo sie auch Nester bauen. *Unten:* Um die Kiemen feucht zu halten, erzeugen Klippenkrabben vielfach Schaum. – *Übernächste Seite. Oben:* Lavareiher. *Unten:* Galapagos-Pinguin spritzt den flüssigen Kot von sich.

Diese entweder überwiegend weiß oder bräunlich gefärbten Tölpel sind leicht durch ihre leuchtend roten Füße von den beiden anderen Arten zu unterscheiden.

Auf der Insel Hood, auch Española genannt, befinden sich die einzigen Brutplätze des *Galapagos-Albatros,* dessen Weltbestand nur noch wenige tausend Paare beträgt. Diese großen Vögel mit einer Spannweite von etwa 2½ Metern brüten vor allem an zwei Stellen auf dieser Insel.

Der Flug der Albatrosse ist elegant und schnell. Auf dem Erdboden bewegen sie sich unbeholfen und watschelnd. Um zu starten, laufen sie mühsam durch das Felsgeröll bis an einen Steilabbruch, um sich dort in die Luft zu werfen. Kehren sie zum Brutplatz zurück, so ist ihre Landung in dem steinigen, mit Büschen durchsetzten Gelände nicht ganz einfach. Sie meistern aber dieses Manöver.

Die Albatrosse zählen zur Ordnung der Röhrennasen. Der Name weist darauf hin, daß bei ihnen an die Nasenöffnungen ein kleines Röhrchen anschließt. Durch dieses Röhrchen wird das in den *Salzdrüsen* ausgeschiedene Salz als Lösung hinausgeblasen. Bei Vögeln, die mit so großer Geschwindigkeit dahinsegeln, würde wohl eine Ausscheidung von konzentrierter Salzlösung aus einem normalen Nasenloch wegen des Gegenwindes schwierig sein. Durch das Röhrchen wird die Flüssigkeit aber unter Druck – wie mit einer Wasserpistole – ausgestoßen – Eine Anpassung an eine besondere Lebensweise.

Galapagos-Albatrosse bauen keine Nester. Das einzige weiße Ei wird direkt auf den Boden gelegt. Damit stehen sie im Gegensatz zu anderen Albatrosarten, die oft große, an Baumstümpfe erinnernde Nester bauen. Der Galapagos-Albatros ist auch der einzige seiner Familie, der ausschließlich in den Tropen lebt.

Junge Galapagos-Albatrosse haben ein braunes, wolliges Gefieder und heben sich kaum von der Umgebung ab. Wie ihre Eltern, bewegen auch sie sich auf der Erde ausgesprochen unbeholfen.

Zu Beginn, vor allem aber gegen Ende der Brutzeit kann man die Galapagos-Albatrosse bei der Balz beobachten. Dabei spielen pendelndes Umherschreiten, Schnabelfechten und das bekannte Zum-Himmel-Weisen mit dem Schnabel eine große Rolle. Dazwischen wird der Hals oder der Kopf des Partners zärtlich gekrault. Diese soziale Körperpflege festigt den Kontakt der Partner zueinander. Im Anschluß an solche Balzhandlungen erfolgt häufig eine Begattung.

Das einzige Ei wird abwechselnd von beiden Partnern rund zwei Monate lang bebrütet, wobei sich die Vögel alle zehn bis zwölf Tage abwechseln.

Die Galapagos-Albatrosse sind aber nicht das ganze Jahr über auf der Insel Hood anzutreffen. Man findet sie vor allem zwischen Mai und November dort. Zwischen Januar und März begegnet man nur ausnahmsweise einzelnen Vögeln auf der Insel. Ansonsten sind sie in dieser Zeit draußen auf dem Meer.

Neben den 28 endemischen Vogelarten dieser abgeschiedenen Welt für sich, konnten sich auch im Meer des Galapagos-Archipels eigene Arten entwickeln. Diese besetzten im Kampf ums Überleben die verschiedensten ökologischen Nischen und paßten sich den gegebenen Verhältnissen optimal an. Es ist deshalb dringend notwendig, nicht nur die Tiere und Pflanzen auf den Inseln, sondern auch die Lebewelt unter Wasser in den Schutz dieses einmaligen Archipels einzubeziehen. Verschiedene, nur in den Küstengewässern von Galapagos lebende Fisch- und Krebsarten wurden durch Überfischung bereits bedenklich dezimiert.

Elegante Vögel sind die *Gabelschwanzmöwen.* Man sieht sie meist an steilen Klippen, wie auf der Insel Hood. Besonders fallen die großen Augen mit den roten Begrenzungsringen

Der Galapagos-Kormoran ist flugunfähig. – *Nächste Seite. Oben:* Galapagos-Seelöwen stellen eine eigene Art dar. *Unten:* Die Pelzrobbe ist ein Zwerg unter den Robben. – *Übernächste Seite.* Galapagos-Sumpfohreule.

auf. Gabelschwanzmöwen sind dämmerungsaktiv und haben als Anpassung an ihre Lebensweise die für Möwen absolut unüblich großen Augen.

Bei der Wahl des künftigen Brutplatzes, meist in einer Felsnische, zeigt das Männchen dem Weibchen die Stelle durch Herumtragen kleiner Steine oder Auswürgen verschluckter Steine. Ein Nest bauen die Vögel nicht, lediglich einige zusammengetragene Steinchen lassen den Brutplatz als solchen erkennen.

Die Gabelschwanzmöwe ist eine der nur auf den Galapagos-Inseln vorkommenden Vogelarten, zu denen auch die überwiegend einfarbig schiefergrau gefärbte *Lavamöwe* gehört. Letztere besucht gern Schiffe, die Kreuzfahrten im Archipel unternehmen. Wir hatten bei einer Expedition – neben einigen Meerespelikanen – eine Lavamöwe tagelang als „Blinden Passagier" an Bord der *Beagle III.*

Im flachen Wasser mancher Küstenlagune oder eines Kraters auf der Insel James kann man Flamingos beobachten. Diese gehören zur gleichen Art wie die europäischen Flamingos, sind aber Vertreter einer anderen geographischen Rasse. Flamingos durchseihen mit ihrem Schnabel das Wasser nach Kleinlebewesen, vor allem nach kleinen Krebsen. Die rosa Färbung ihres Gefieders verdanken sie einem Farbstoff der Krebse, die sie als Nahrung aufnehmen. Fehlt dieser in der Nahrung, wird das neue Gefieder weiß.

Fregattvögel sind typische Bewohner tropischer Meere. Auf Galapagos leben zwei Arten: der *Pracht-Fregattvogel* und der *Binden-Fregattvogel.* Der erstere ist größer, und das Gefieder des Männchens ist oberseits schwarz mit grünlichem Erzglanz. Der Binden-Fregattvogel hat dagegen auf den Oberflügeln eine braune Binde. Die Weibchen beider Arten sind einander ähnlich; doch hat das Weibchen des Binden-Fregattvogels rötlich-fleischfarbene Augenringe.

Besonders eindrucksvoll ist die Balz der Binden-Fregattvögel auf der kleinen Insel Tower, die vor allem im März/April stattfindet. Tower beherbergt eine große Brutkolonie der Binden-Fregattvögel.

Fregattvögel legen ihre Nester auf niedrigem Buschwerk, gern im Mangrovendschungel, an. Dabei sind die Männchen besonders aktiv. Die geselligen Vögel wählen einen geeigneten Platz aus und tragen an diesem ein paar Ästchen zusammen. Dort setzen sie sich hin und blasen ihren mächtigen roten Kehlsack auf. Damit, aber auch durch Flügelschlagen und Rufe versuchen sie, vorüberfliegende Weibchen anzulocken.

Segelt ein Weibchen niedrig über die Kolonie, so richten sich die balzenden Männchen auf, schlagen zitternd mit den Flügeln und lassen wiehernde und knarrende Laute hören. Beim Knarren bewegen sie den Schnabel rasch hin und her. Grotesk sehen die balzenden Männchen mit den roten Kehlsäcken und den zum Himmel gerichteten Schnäbeln aus, wenn sie versuchen, ein Weibchen anzulocken. Die plötzliche Aktivität in der Kolonie mit heftigem Flügelschlagen und wiehernden Rufen zeigt an, daß ein Weibchen die Freier überfliegt.

Das Herbeitragen und Ansammeln von kleinen Zweigen gehört ebenfalls zum Balzzeremoniell. Dabei kommt es häufig vor, daß die Männchen sich gegenseitig das Nistmaterial „stehlen". Obwohl Fregattvögel eine Spannweite von etwa zwei Meter haben, wiegen sie durchschnittlich nur 1,5 kg. Sie sind deshalb exzellente Segelflieger und gefürchtete Schmarotzer für viele Seevögel, die sie solange verfolgen, bis sie ihre eben gefangene Beute wieder ausspeien. Diese wird dann rasch von den Fregattvögeln aufgenommen.

Als Darwin zu den Galapagos-Inseln kam, war dieser Archipel ein Paradies. Als der deutsche Zoologe Eibl-Eibesfeldt mit einer Expedition der „Xarifa" unter Leitung von Hans Hass in den 50iger Jahren die Galapagos-Inseln besuchte, hatte jedoch bereits eine

Oben links: Rubintyrann, Männchen. *Oben rechts:* Rubintyrann, Weibchen. *Unten:* Galapagos-Tyrann. Er füllt die Nische eines Fliegenschnäppers aus. – *Nächste Seite. Oben:* Meerechsen auf der Insel James (Santiago). – *Unten:* Meerechse von der Insel Santa Cruz. – *Übernächste Seite. Oben:* Rote Meerechse von der Insel Hood im Prachtkleid. *Unten:* Weiblicher Kielschwanz-Leguan von Santa Cruz.

gewaltige Beeinträchtigung der hier lebenden Tierwelt stattgefunden. Vor allem die von den Siedlern eingeführten Haustiere verdrängten in zunehmendem Maße einheimische Arten oder zerstörten deren Lebensräume. Die ebenfalls von Siedlern mitgebrachte Hausratte entwickelte sich gebietsweise zu einer regelrechten Plage, weil diese Tiere auch Nester bereits seltener gewordener Vogelarten plünderten. Die Erklärung zum Nationalpark im Jahre 1959 reichte allein nicht aus, die einmalige Lebewelt dieses Archipels zu retten. Durch die ständige Zunahme des Tourismus auf den Galapagos-Inseln wurde den Einheimischen und den Verantwortlichen in der Regierung von Ecuador klar, welche Kleinodien sie in der Tierwelt von Galapagos besaßen.

Wie vertragen sich nun Tourismus und Naturschutz auf Galapagos? Die Antwort ist nicht einfach. Im allgemeinen kann man jedoch sagen, daß hier beides miteinander zu vereinbaren wäre. Allerdings sollten keine Konzessionen zu Gunsten einer weiteren Steigerung des Tourismus oder der Besiedlung gemacht werden.

Man denke in diesem Zusammenhang auch daran, welches Unheil von Siedlern eingeführte verwilderte Haustiere hier oder z. B. auf Neuseeland angerichtet haben! Naturschutzbeauftragte sind derzeit bemüht, die Zahl der verwilderten Haustiere drastisch zu dezimieren. Dies ist keine leichte Aufgabe. Es bleibt zu hoffen, daß es ihnen gelingen möge, die Eindringlinge so zu reduzieren, daß sie für die bedrohte endemische Fauna keine Gefahr mehr darstellen. Diese Arbeiten, wie auch andere Schutz- und Forschungsprogramme, kosten aber Geld. Solches bringen nun in einem nicht unerheblichen Maße die Touristen, die gegenwärtig noch einigermaßen gut gelenkt und auf überwiegend dazu hergerichteten Schiffen transportiert und beherbergt werden. Die Schiffe legen an den Inseln, die besucht werden können, nicht direkt an, so daß die Besucher mit kleinen Barkassen ausgebootet und so auch wieder zurückgebracht werden müssen. Störungen können auf diese Weise auf ein vertretbares Maß reduziert werden, vorausgesetzt allerdings, die bezeichneten Wege werden eingehalten und die übrigen Vorschriften beachtet. Trotz vieler Touristen, die alljährlich Galapagos besuchen, kennt man an den Küsten keinen Rummel, weil die Besucher sich nur kurz aufhalten und danach wieder abfahren. Auch sind die Gruppen, die an Land gehen, relativ klein. Durch die Anschaffung wesentlich größerer Schiffe gibt es neuerdings aber bereits große Gesellschaften, die an Land gebracht werden. Schlimm würde es, wenn auch noch große Hotelanlagen und Bungalowsiedlungen entstünden, in denen Massen von Touristen längere Zeit wohnten. Das würde die Lebewelt der Insel schwer beeinträchtigen und ein Ende des Paradieses bedeuten, das heute mit seinen rund 3000 Einwohnern auf einem begrenzten Areal gerade noch erhalten werden kann.

Wenn man sich in den wohlhabenden Nationen nicht entschließt, noch aktiver als bisher für den Schutz der letzten Naturlandschaften unserer Erde, vor allem in der Dritten Welt, einzutreten, so wird man bald hinter viele Tierarten ein Kreuz setzen müssen, mit dem Zusatz: Durch die Unvernunft des Menschen ausgerottet. Daß wir mit der Zerstörung von Natur allmählich auch unseren eigenen Lebensast absägen, sollte inzwischen wohl jedem klar geworden sein!

Ich möchte dieses Kapitel mit einem Zitat aus dem ausgezeichneten Buch von I. Eibl-Eibesfeldt „Galapagos – die Arche Noah im Pazifik“ schließen, der darin mit Betroffenheit vermerkt, daß sich noch vor wenigen Jahren einige Beauftragte der Länder-Kultusminister daran stießen, daß Bernhard Grzimek betont hatte, die letzten Reste der afrikanischen Tierwelt seien genauso wie unsere Kathedralen und antiken Bauten ein kultureller Gemeinbesitz der gesamten Menschheit: *„... sie empfanden es als unangemessen, die*

Oben: Der einzige kräftige Beutegreifer auf dem Land: der Galapagosbussard. *Unten:* Flamingos in einer Küstenlagune. – *Nächste Seite:* Felspartie an der Küste von der Insel Hood (Española). – *Übernächste Seite. Oben:* Hood-Spottdrossel. *Unten:* Galapagos-Spottdrossel.

Erhaltung der Zebraherden mit der Erhaltung der Akropolis oder der Peterskirche in Beziehung zu setzen, und wurden sich dabei gar nicht bewußt, daß sie in maßloser Selbstüberschätzung Menschenwerk über Gottes Schöpfung stellten.“

Oben. Pflöcke kennzeichnen die Wege, die Besucher nicht verlassen dürfen. Insel Plaza. *Unten:* Mit Beibooten werden die Touristen an Land und wieder auf die Schiffe gebracht.

Der Evolution eine Chance: Naturschutz weltweit!

Charles Darwin entdeckte in der „adaptiven Radiation“ das wichtigste Evolutionsprinzip. Dieses besteht in der Artenbildung durch die Eroberung immer neuer Lebensräume unter Anpassung an die unterschiedlichsten ökologischen Verhältnisse.

Nun wissen wir, daß der Evolutionsprozeß auf unserer Erde keineswegs abgeschlossen ist, sondern unvermindert weitergeht. Zwar werden wir in absehbarer Zeit keine sich neu entwickelnden Arten entdecken; dazu ist der Zeitraum viel zu kurz. Wir können aber feststellen, daß es Anpassungen bei Populationen bestimmter Arten gibt, die vielleicht irgendwann einmal so weit gehen können, daß es zur Entwicklung einer neuen Spezies kommt. Ich denke hier u. a. an Probleme bei der Verstädterung einiger Vogelarten, bei denen Stadtpopulationen (z. B. von der Amsel) bereits verschiedene Unterschiede im Verhalten zeigen, die anpassungsbedingt sind.

Jeder Tier- und Pflanzenart sind jedoch Grenzen der Anpassung gesetzt. Das bedeutet, daß die eine Art früher, die andere später an diese Grenzen stößt, wo sie sich nicht mehr entsprechend anpassen kann. So wäre möglicherweise auch das Aussterben der Dinosaurier zu erklären, die vermutlich mit einschneidenden Veränderungen in der Umwelt nicht mehr zurechtkamen, wenn auch dieser Prozeß über einen langen Zeitraum ablief. Heutzutage geschehen Umweltveränderungen so rasch, daß Anpassungen, die ein Überleben sichern, nicht in erforderlichem Maße vollzogen werden können. So kann beispielsweise der Kiebitz auf Kartoffel- und Rübenäcker ausweichen, wenn Feuchtgebiete zerstört werden. Sich aber so weit anzupassen, daß er auch Weinberge oder Obstgärten besiedeln könnte, war ihm bislang nicht möglich. Für den Großen Brachvogel sind die Grenzen der Anpassung wesentlich enger gezogen: Er verschwindet bereits, wenn weites Wiesengelände im Binnenland in Ackerland umgewandelt wird.

Seit etwa zwei Millionen Jahren gibt es Menschen auf unserer Erde. Die meisten der heute bekannten Tierarten hatten Tausende von Jahren Zeit, sich an veränderte Umweltbedingungen anzupassen, bzw. sich in bestimmten „Ökologischen Nischen“ zu entwickeln. In solchen Dimensionen ist auch die Artbildung durch Evolution im Darwin'schen Sinne zu verstehen. Vorstufen dazu sind jedoch schon bedeutend früher zu erkennen, wie ich bereits erwähnt habe.

Besonders schwerwiegend sind Umweltveränderungen, mit denen Lebewesen bisher noch nie konfrontiert wurden. Ich denke hier beispielsweise an die Ölpest. In ihrer Entwicklungsgeschichte hatten Seevögel noch nie mit diesem Problem zu tun.

Dasselbe gilt für die Bewohner tropischer Regenwälder, die z. T. hochspezialisiert und an das Leben in einer speziellen „Ökologischen Nische“ hervorragend angepaßt sind. Mit der Vernichtung ihres typischen Lebensraumes sterben sie den „Artentod“, weil sie zu sehr spezialisiert und ihre Grenzen der Anpassung deswegen sehr eng gezogen sind. So bleiben zunächst nur die „plastischeren“ Spezies übrig, werden aber in zunehmendem Maße ebenfalls an die Grenzen ihrer Anpassungsfähigkeit gedrängt, bis auch für sie das „Aus“

kommt. Zu diesen Arten gehört auch der Mensch, der im Taumel des Fortschrittglaubens seine naturgegebenen Grenzen nicht erkennt und sich selbst den Lebensast absägt.

Ziehen wir Bilanz, so müssen wir feststellen, daß wir Menschen bislang eine völlig falsche Einstellung zur Natur hatten und z. T. noch haben! Das mißverstandene Bibelwort „Macht euch die Erde untertan!“ hat zu völlig an der Realität vorbeiführenden Wertschätzungen geführt. Im Sinne dieses Bibelwortes ist gleichzeitig die Verantwortung des Menschen gegenüber der Natur enthalten, die aber völlig vergessen wurde. Es ist zwar schon später als „fünf vor zwölf“, doch sollten wir deshalb nicht resignieren und nicht den Dingen ihren Lauf lassen! Das Interesse der Bevölkerung wird angesichts der von Naturschutzvereinigungen in Verbindung mit Ökologen betriebenen Öffentlichkeitsarbeit immer wacher, und viele vertreten in zunehmendem Maße die Ansicht, daß es so nicht mehr weitergehen kann. Damit unterstützen sie die Arbeit der regional und weltweit tätigen Organisationen zum Schutz der Natur in ihrem Kampf gegen den verhängnisvollen Prozeß der Naturzerstörung in aller Welt.

Probleme des Natur- und Umweltschutzes sind weltweit von Bedeutung und müssen auch so betrachtet werden. Deshalb besteht heute auf diesem Gebiet eine intensive internationale Zusammenarbeit. Weltweit werden mit Unterstützung verschiedener Nationen Hilfsaktionen zur Rettung bedrohter Arten eingeleitet und durchgeführt. Manche Erfolge lassen uns hoffen, daß es noch nicht zu spät ist. Einige Naturschutzverbände, die sowohl regional als auch international tätig sind, berichten im Anschluß an diese Ausführungen über ihre Arbeit sowie über ihre Bemühungen um einen weltweiten Naturschutz. Gerade letzterer ist besonders wichtig zur Erhaltung einer lebenswerten Umwelt mit einer artenreichen Tier- und Pflanzenwelt!

Artenschutz ist ohne gleichzeitigen Schutz entsprechender Lebensräume nicht denkbar. Deshalb bemühen sich zahlreiche Verbände auf unserer Erde darum, Biotope zu erhalten und eventuell so zu gestalten, daß vor allem selten gewordene Arten überleben können. Dazu müssen vorher spezielle Artenschutzprogramme erstellt werden, die auf grundlegenden Forschungsergebnissen beruhen. Die Frage ökologischer Anpassung spielt dabei natürlich eine wesentliche Rolle. Somit besteht gerade im Artenschutz eine enge Beziehung zu den Forschungsrichtungen, für die vor weit über einhundert Jahren Charles Darwin Wegbereiter war.

Die folgenden Ausführungen einiger im Artenschutz führender Vereinigungen sollen Einblick in deren Tätigkeit auf nationaler und internationaler Ebene gewähren, die bei der mit beängstigender Geschwindigkeit um sich greifenden Naturzerstörung schon deshalb von größter Wichtigkeit ist, um der Evolution eine Chance zu geben.

Dr. Claus König

World Wildlife Fund (WWF)

Knapp zwei Jahre nach der Gründung des WORLD WILDLIFE FUND, der als größte internationale Naturschutzorganisation inzwischen in 26 Ländern mit unabhängigen nationalen Sektionen vertreten ist, konstituierte sich im März 1963 der WWF-Deutschland, zunächst als Verein, dann als gemeinnützige Stiftung des bürgerlichen Rechts, heute mit Sitz in Frankfurt am Main. Ziel und Zweck der Umweltstiftung WWF-Deutschland sind der Schutz und die Gestaltung der natürlichen Umwelt, insbesondere der Lebensräume von Tieren und Pflanzen, und damit im weitesten Sinne die Erhaltung der Natur als Lebensbasis für den Menschen. WWF-Deutschland sieht Schwerpunkte seiner Tätigkeit vor allem dort, wo diese Aufgaben in nationalen Grenzen allein nicht mehr lösbar sind. Die Stiftung finanziert ihre Arbeit aus den Jahresbeiträgen ihrer fördernden Mitglieder, aus Lizenzeinnahmen für die kommerzielle Verwendung des als Warenzeichen geschützten Panda-Symbols sowie aus Spenden, Sonderveranstaltungen, Bußgeldzuweisungen der Gerichte, Nachlaßerträgen und anderen Zuwendungen. Bei der Erfüllung seiner eigenen Naturschutzaufgaben und der finanziellen Förderung anderer Naturschutzprojekte arbeitet der WWF-Deutschland mit WWF-International, der IUCN (Internationale Naturschutz-Union), staatlichen Naturschutzbehörden, wissenschaftlichen Institutionen und den übrigen Naturschutzverbänden eng zusammen.

Internationale und nationale Projekte

Seit seiner Gründung hat der World Wildlife Fund weltweit rund 3000 Naturschutzprojekte in 130 Ländern mit einem Gesamtaufwand von über 150 Millionen DM angebahnt, gefördert und finanziert – unter anderem 260 Reservate und Nationalparks in fünf Kontinenten mit einer Fläche von über 1,5 Millionen Quadratkilometern, Artenschutzprogramme für Tiger, Nashörner, Elefanten, Wale, Greifvögel, Krokodile und Meeresschildkröten sowie Hilfsprogramme in Schwerpunktgebieten, wie der Sahel-Zone, Madagaskar und Indonesien. Die von IUCN und WWF entwickelte „Weltstrategie für die Erhaltung der Natur" (World Conservation Strategy) wurde zur Richtlinie für eine globale Zusammenarbeit mit dem Ziel, die lebenswichtigen ökologischen Prozesse und Systeme auf der Erde, die genetische Vielfalt aller Lebewesen und das künftige Wohlergehen der Menschheit durch maßvolle Nutzung der Güter der Natur zu sichern. Nach der weltweiten WWF-Kampagne „Die Meere müssen leben" wurde 1982 der Schutz der tropischen Regenwälder zum Kernprogramm des World Wildlife Fund für die nächsten Jahre erklärt. Mit einem Startkapital von 6,25 Millionen DM sollen zahlreiche wichtige Schutzprojekte in den besonders bedrohten Tropenwaldgebieten finanziert und die Regierungen der betreffenden Länder über die Sicherung und zukunftsorientierte Nutzung dieser gewaltigen Rohstoffreserven aufgeklärt und beraten werden.

Der WWF-Deutschland leistet zu allen wichtigen Projekten und Kampagnen von WWF-International im Rahmen des gemeinsamen Kooperationsvertrages seinen finanziellen Beitrag. Darüber hinaus setzt er sich jedoch auf der Grundlage seines eigenen Naturschutzprogramms für besonders dringende Aufgaben in Deutschland ein. Dabei haben grenzüberschreitende Projekte Vorrang, die den Zusammenhang der Lebensraumgefährdungen in ganz Europa berücksichtigen. Hierzu einige Beispiele:

Gemeinsam mit WWF-Holland und WWF-Dänemark kämpft der WWF-Deutschland um die Erhaltung des Wattenmeeres, des – neben den Alpen – letzten großen zusammenhängenden Naturraumes in Europa. Auf deutscher Seite arbeiten an diesem internationalen Projekt die anderen Naturschutzverbände – DBV (Deutscher Bund für Vogelschutz), DNR (Deutscher Naturschutzring), BUND (Bund für Umwelt- und Naturschutz in Deutschland) – sowie die meisten regionalen und lokalen Organisationen und Bürgerinitiativen im Küstenbereich mit dem WWF Hand in Hand. Das WWF-Schutzkonzept für das Wattenmeer hat zum Ziel, die vorrangige Bedeutung des Naturschutzes im Wattenmeerraum gegenüber den konkurrierenden flächengebundenen Nutzungen, wie Küstenschutz, Industrieansiedlung, Landwirtschaft, Fischerei, Schiffahrt, Erholung und Wassersport, Jagd und Angelsport, Militärübungen usw., zu sichern. Hierzu gilt es, alle charakteristischen

Strukturen der Landschaft und die besondere Beschaffenheit der Böden, des Wassers und der Luft zu schützen, alle charakteristischen Tier- und Pflanzenarten in überlebensfähigen Beständen und ihre Lebensgemeinschaften und Lebensräume mit den dazugehörigen Nahrungs-, Rast-, Ruhe- und Mauser-Arealen sowie die Ökosystemflächen in ihrem natürlichen Verbund zu erhalten. Selbstverständlich steht auch für den Naturschutz beim Kampf um die Erreichung dieser Ziele der Schutz der küstennahen Bevölkerung vor Sturmfluten außer Frage. Dieser ist jedoch in den meisten Fällen durch Deichverstärkungen statt neuer Eindeichungen zu erreichen. Die industrielle Nutzung des Naturraumes Wattenmeer muß sich an der ökologischen Verträglichkeit orientieren. Die über die Flüsse in das Wattenmeer gelangenden Abwässermengen sind drastisch zu reduzieren, Ölverschmutzungen und Ölunfälle zu verhindern und zu bekämpfen, Küstenbefestigungsmaßnahmen im Wattenmeer auf Ausnahmefälle zu beschränken. Auch die Ausweitung des Massentourismus, der bereits zu einer erheblichen Belastung dieses Naturraums geführt hat, muß vermieden werden. Der WWF und die an den Wattenmeeraktivitäten beteiligten Verbände streben ein integriertes Schutzgebietsystem mit der Ausweisung verschiedener Schutz- und Nutzungszonen und der Schaffung eines zusammenhängenden Nationalparks an.

Aus einem ganz Nordeuropa bis Grönland umfassenden internationalen WWF-Projekt ist die „Projektgruppe Seeadlerschutz“ hervorgegangen, die die letzten vier deutschen Seeadlerhorste in Schleswig-Holstein betreut und – unter Mitarbeit des WWF, des DBV und anderer Verbände – während jeder Brutzeit mit vielen ehrenamtlichen Helfern rund um die Uhr bewacht und vor Störungen schützt. Der Seeadler, der deutsche Wappenvogel, kommt hier am Rande seines Verbreitungsgebietes vor. Er braucht saubere, pestizidfreie, wasservogelreiche Nahrungsgewässer, die der WWF-Deutschland zum Teil gepachtet hat. Nur der guten Zusammenarbeit aller Vogelschützer ist es zu verdanken, daß die Seeadler in Holstein jetzt wieder Jahr für Jahr erfolgreich brüten. Von 1975 bis 1982 wurden in Schleswig-Holstein insgesamt 35 Jungadler flügge.

Auch der Wanderfalke ist ein Symbol für intakte Umwelt. Insektizide und Pestizide in den Nahrungsketten, die zur Unfruchtbarkeit führen, Bejagung und Nachstellungen durch gewissenlose Falkner, Eiersammler, Taubenzüchter und Tierphotografen haben dazu geführt, daß diese größte heimische Falkenart vor zwanzig Jahren in der Bundesrepublik Deutschland nahezu ausgerottet wurde. Der WWF leistet dem Deutschen Bund für Vogelschutz und anderen Verbänden bei ihren Maßnahmen zum aktiven Wanderfalkenschutz – Horstbewachungen, Schaffung von Nisthilfen, Wiedereinbürgerung gezüchteter Falken, ökologische Untersuchungen – finanzielle Hilfe. Heute fliegen allein in Baden-Württemberg aus geschützten Horsten in jedem Jahr wieder rund 80 Jungfalken aus. Auch hier gehen die Schutzbemühungen über die deutschen Grenzen hinaus: Von Skandinavien bis Südfrankreich arbeiten die Wanderfalkenschützer – mit Unterstützung des WWF – zusammen.

Artenschutz ist ohne Biotopschutz nicht denkbar. Auch wenn bei einigen WWF-Projekten bestimmte Tierarten im Vordergrund stehen, wie zum Beispiel beim Seeadler-, Wanderfalken-, Fischotter- und Fledermausschutz, so bedeutet deren Bestandserhaltung zugleich Bewahrung ihrer Lebensräume. Dies gilt in besonderem Maße für den Kranich, dessen Brut- und Nahrungsbiotope der WWF seit Jahren in einem eigenen Projekt betreut und schützt. Bei der Nistplatzbewachung der Kraniche während der Brutzeit, der Anlage von Nahrungsteichen, der Renaturierung abgetorfter Moore, der Schilfbeseitigung im Winter und vielen anderen Biotop-Pflegemaßnahmen arbeitet der WWF mit den Mitgliedern des DBV und anderer Naturschutzverbände, mit Landwirten, Grundbesitzern, Jägern und den Forst- und Naturschutzbehörden ausgezeichnet zusammen. Dadurch ist es gelungen, die Kranichpopulation in Norddeutschland seit 1973 zu verdreifachen, so daß jetzt wieder Jahr für Jahr rund 30 Jungkraniche flügge werden. Insgesamt betreut der WWF in Schleswig-Holstein und Niedersachsen etwa 2500 Hektar Feuchtgebiete.

Zu den Schwerpunkten der Naturschutzarbeit von WWF-Deutschland gehört die Sicherung schutzwürdiger Lebensräume durch Kauf und Pacht im Rahmen eines Verbundkonzeptes, bei dem die Vernetzung verschiedener, besonders gefährdeter Biotoptypen im Zusammenhang größerer Areale im Vordergrund steht. Bisher hat der WWF-Deutschland aus den Spenden seiner Förderer rund 120 Hektar Grundbesitz – vor allem in den norddeutschen Feuchtgebieten – erworben und vor der Zerstörung durch wirtschaftliche Nutzung gerettet.

Ein aus nationaler und internationaler Sicht gleichermaßen bedeutungsvolles Projekt ist die Artenschutzzentrale (WA-Büro) beim WWF-Deutschland, die die Aufgabe hat, die Durchführung des „Übereinkommens über den internationalen Handel mit gefährdeten Arten freilebender Tiere und Pflanzen" (Washingtoner Artenschutzübereinkommen) in der Bundesrepublik Deutschland zu beobachten, zu kontrollieren und statistisch auszuwerten. Durch enge Zusammenarbeit, fachliche Beratung, Fortbildungsangebote und konstruktive Kritik trägt der WWF dazu bei, die Maßnahmen der Zoll-, Bundes- und Landesbehörden beim Vollzug des Übereinkommens zu verbessern. In der Auseinandersetzung mit den betroffenen Wirtschafts- und Interessenverbänden und durch aktive Aufklärungs- und Öffentlichkeitsarbeit werden die Marktentwicklung und das Verbraucherverhalten mit dem Ziel beeinflußt, den Handel mit bedrohten Tier- und Pflanzenarten einzuschränken. Wegen der engen Verbindung zum Generalsekretariat des Washingtoner Artenschutzübereinkommens am Sitz von WWF und IUCN in der Schweiz übernimmt WWF-Deutschland mit diesem Projekt in der Zusammenarbeit mit den übrigen Naturschutzverbänden eine Schlüsselfunktion. Artenschutzbüros, die ähnliche Aufgaben erfüllen, gibt es bereits in England, den USA und Japan.

Dr. Arnd Wünschmann
Geschäftsführer WWF-Deutschland

Zoologische Gesellschaft von 1858 Frankfurt a. M.

Ein Ozeandampfer legt sich langsam zur Seite und beginnt zu sinken.
„Was sollen wir nur tun?" ruft ein verzweifelter Fahrgast dem anderen zu.
„Gar nichts – es ist ja nicht *unser* Dampfer!" sagt der andere.

So etwa benehmen wir Menschen uns heutzutage. Wir sitzen nämlich auf einem Raumschiff, der Erde, das durch das Weltall rast und immer mehr zugrunde geht. Luft und Trinkwasser werden ständig stärker verseucht, die lebenswichtigen Bordvorräte gehen zu Ende. Dieses Raumschiff Erde befördert heute schon 4,4 Milliarden Menschen, deren Zahl auch weiterhin wächst und wächst. Die Oberfläche der Erde besteht zu 71 Prozent aus Wasser; von dem Rest können nicht einmal 10 Prozent landwirtschaftlich genutzt werden. Für jeden Menschen braucht man heute 1 Hektar Land. Es gibt aber nur 3,2 Milliarden Hektar möglichen Ackerlandes. Also leben bereits heute 1,2 Milliarden Menschen zuviel auf der Erde. Fast 3 Milliarden Menschen leiden schon jetzt unter Mangelernährung, 25 Prozent haben echten Hunger. 1979 verhungerten 30 Millionen Kinder. Dennoch werden täglich mehr als 250000 Menschen geboren.

Würde jemand ein Raumschiff, das für drei Besatzungsmitglieder eingerichtet ist, mit der doppelten oder dreifachen Zahl in den Weltraum schicken? fragt Dr. Günter Last. Die Weltbevölkerung kann sich jedoch weiter explosionsartig vermehren und damit alles Leben auf dieser Erde vernichten.

Die „Zoologische Gesellschaft von 1858 e.V., Frankfurt am Main" will mit der Sammlung „Hilfe für die bedrohte Tierwelt" erreichen, daß neben den Menschenmassen auch noch einige freie Tiere auf Erden übrigbleiben. Damit wir selbst und unsere Kinder nicht in einigen Jahrzehnten Elefanten, Löwen, Hirsche, Luchse und Steinböcke nur noch als historische Erinnerung in Fernsehfilmen oder ausgestopft in Museen bestaunen müssen. Es soll auch noch anderes Leben neben uns Menschen geben.

Auch der Mensch ist ein Teil der Natur und kann ohne sie nicht existieren. *Insofern ist Naturschutz Menschenschutz.*

Gefährdete Natur zu erhalten, ist nicht einfach. Wir kämpfen darum. Während man in Mitteleuropa um 1810 durchschnittlich jährlich 18 kg Fleisch je Kopf aß, verzehren wir Deutsche heute schon über 90 kg. Um ein kg Fleisch zu erzeugen, braucht man jedoch sieben kg Getreide. Dabei gehen vier Fünftel der Nährwerte verloren. Von einem Hektar Land erzeugt man fünfmal soviel Kalorien, wenn man das auf diesem Land gewachsene Korn und Gemüse der menschlichen Ernährung unmittelbar zuführt, statt auf dem Umweg über das Tier. Von den vielen Millionen Tonnen Getreide und Ölkuchen, die jedes Jahr zur unnützen Butter-, Milch- und Fleischerzeugung teilweise unter tierquälerischen Methoden verfüttert werden, könnten 2,3 Milliarden Menschen ernährt werden. Aber es besteht wenig Hoffnung, daß sich das ändert. Deshalb wird die Erde immer schneller in Wüste verwandelt. Seit 1945 sind 60 Prozent der Urwälder Afrikas abgeschlagen worden. Wenn es in der gleichen Geschwindigkeit weitergeht, sind auch die riesigen Amazonas-Regenwälder Südamerikas in 27 Jahren verschwunden und alle tropischen Regenwälder auf der Erde noch zu Lebzeiten der jetzigen Generation. Dafür sind heute auf Erden je Person mehr Kilo an Sprengstoff gelagert als an Lebensmitteln. Die Länder dieser Welt geben im Durchschnitt 16000 Dollar jährlich für einen Soldaten aus, aber nur 260 Dollar für ein Schulkind. Und wieviel für den Naturschutz?

In vielen unterentwickelten Ländern, wie z. B. auch in Afrika, verdoppelt sich jetzt die Menschenbevölkerung etwa alle 18 bis 20 Jahre, d. h. in vierzig Jahren werden viermal so viele Menschen dort sein. Viele dieser Länder sind willens, ja begeistert, dafür einen Teil der Wildnis und ihre herrlichen frei lebenden Tiere zu erhalten, denn diese gehören zu ihrer Überlieferung, zu ihrer Kultur. Deswegen hat man (und an vielen Stellen mit unserer Hilfe) rechtzeitig Nationalparks geschaffen. Das sind große Landstriche, in denen keine Landwirtschaft, keine Jagd betrieben wird und keine Menschen sich ansiedeln dürfen. Arme Länder wie Tansania geben heute achtmal mehr für den Naturschutz aus als die USA – verglichen mit ihrem Nationaleinkommen. Aber da in reichen Staaten weiter – zu ständig steigenden Preisen – Elfenbein, Walöl, Pelze von gefleckten Wildkatzen, Nashorn-Hörner, Robbenfelle usw. unbekümmert eingeführt oder heimlich eingeschmuggelt werden, dringen immer mehr Wilddiebbanden, teuer ausgerüstet mit Geländewagen und selbsttätigen Gewehren, in die Nationalparks ein. Wir versuchen daher, an den wichtigsten Punkten der Erde zu helfen, indem wir den Nationalparkverwaltungen Fahrzeuge, gebrauchte Kleinflugzeuge, Wegebaugeräte, Zelte, Uniformen, Funkgeräte stiften. Schließlich erhalten diese armen Länder die letzten Wildtiere ja nicht für ihren eigenen Bürger, sondern für uns alle, auch für unsere Kindeskinder. Schon heute bewundern viele Besucher diese Nationalparks. Dadurch kommt mehr und mehr fremdes Geld ins Land, und so helfen wir auf dem Umweg über den Tourismus auch sehr nachdrücklich den dort lebenden Menschen.

Leider sieht es mit der Natur im wohlhabenden Deutschland noch viel schlechter aus. Von unseren 87 Säugetierarten sind 8 bereits ausgestorben, 15 vom Aussterben bedroht, 25 gefährdet, also über die Hälfte heute bereits verschwunden oder bedroht. Von den 244 bei uns brütenden Vogelarten sind 21 ausgestorben, 44 Prozent vom Aussterben bedroht. Ähnlich und z. T. noch schlimmer steht es mit den Kriechtieren, mit den Lurchen, den Fischen und den Großschmetterlingen. Täglich werden herrliche deutsche Landschaften und Wälder durch wirtschaftliche Fehlplanungen, wie den Rhein-Main-Donau-Kanal, durch unüberlegte Flurbereinigungen, Entwässerungen, durch Luft- und Wasserverschmutzung zerstört. Unser Vaterland wird immer mehr belastet und eintöniger.

Die „Zoologische Gesellschaft von 1858 e. V., Frankfurt am Main“ hat geholfen, den bei uns ausgerotteten Biber, die Uhus und die Luchse wieder einzubürgern, bedrohte Feuchtgebiete anzukaufen, um sie für den Naturschutz sicherzustellen; sie gibt das Geld, damit Freiwillige die letzten Wanderfalken- und Uhuhorste gegen Eier- und Jungvogelräuber bewachen können. Wir führen Gerichtsklage gegen die tierquälerische Haltung vieler Millionen Legehennen (in engsten Käfigen auf Drahtrosten), von gefesselten Schweinen und Kälbern durch.

In Abständen von zwei Jahren werden die Bücher der „Zoologischen Gesellschaft von 1858 e. V., Frankfurt am Main“ durch eine staatlich anerkannte Treuhand-Gesellschaft geprüft. Wir haben in den letzten Jahrzehnten immer wieder bestätigt bekommen, daß 99,2 % der auf das Konto „Hilfe für die bedrohte Tierwelt“ eingegangenen Spenden auch tatsächlich dem gedachten Zweck zugeführt werden, denn bei uns gibt es keine Direktorengehälter, keine Dienstreisen nach Übersee, keine Konferenzen usw. Ebenso achten wir sehr darauf, was mit dem Geld geschieht, welches wir nach Übersee schicken. Wir kennen die Leute, die es ausgeben, und wir verlangen Abrechnungen, Unsere Mitglieder erhalten mindestens viermal im Jahr Rundschreiben, in denen dargelegt wird, wofür die Spenden ausgegeben wurden, was wir damit zu erwirken hoffen und was wir erreicht haben.

Ein wichtiges Druckmittel der Gesellschaft ist die Mithilfe unserer Mitglieder bei bestimmten Anlässen. Schon manches Mal konnten Regierungen und Politiker in ihren Entscheidungen dadurch beeinflußt werden, daß innerhalb von wenigen Wochen eine Flut von 100000 Beschwerdeschreiben auf ihren Schreibtischen landete.

Die Hauptarbeit aber liegt in unseren durch das Konto HILFE FÜR DIE BEDROHTE TIERWELT finanzierten Naturschutzvorhaben. Inzwischen sind es bereits fast 1000 geworden. Sie verteilen sich praktisch über die ganze Welt.

In Europa bemühen wir uns überwiegend in Deutschland um den Ankauf von schutzwürdigen Gebieten (Wallnau, Meißendorfer Teiche, um nur die bekanntesten zu nennen). Im Ausland wird zwar unser Geld meist am dringendsten für die Ausrüstung der Angestellten in den Nationalparks gebraucht, aber immer wieder ist auch für die Erweiterung von Naturschutzgebieten und Nationalparks finanzielle Unterstützung nötig.

Die Naturschutzarbeiten auf Galapagos werden seit 14 Jahren stetig durch die „Zoologische Gesellschaft von 1858 e. V., Frankfurt am Main“ unterstützt. Ermutigende Erfolge gibt es bei den Arbeiten zum Schutz der letzten überlebenden Riesenschildkröten und der Landleguane. Rettung in letzter Minute brachte – hoffentlich – ein Zucht- und Wiederausbürgerungsprogramm, das so erfolgreich verlief, daß die Tiere inzwischen wieder auf ihren heimischen Inseln ausgewildert werden konnten. Ein beträchtlicher Teil dieser ungemein schwierigen Arbeiten wurde ermöglicht durch zweckgebundene Spenden auf das Postscheckkonto 47, Frankfurt/Main „Hilfe für die bedrohte Tierwelt“.

In Peru setzte sich unsere Gesellschaft für den Schutz der zu diesem Zeitpunkt schon fast ausgerotteten Vicuñas (zu den Lamas gehörende Kleinkamele) ein. Dank gezielter Schutzmaßnahmen hatte sich der Bestand im Vicuña-Schutzgebiet „Pampa Galeras“ schon bis 1978 auf 29687 Tiere erhöht. Bitte, helfen Sie der immer mehr vernichteten Natur, den gequälten und von der Ausrottung bedrohten Tieren – und damit auch armen Menschen in anderen Ländern!

Prof. Dr. Dr. Bernhard Grzimek
Präsident der Zool. Gesellschaft Frankfurt

International Council for Bird Preservation (ICBP)

Der Internationale Rat für Vogelschutz (ICBP) wurde im Jahre 1922 gegründet. Er war die erste Organisation, die sich mit den Zielen des Naturschutzes auf internationaler Ebene befaßte. Heute ist der ICBP in 80 Ländern vertreten durch nationale Sektionen oder Einzelrepräsentanten. Insgesamt sind den Sektionen als Mitglieder 280 vorwiegend private nationale Organisationen angeschlossen, die zusammen mehrere Millionen Einzelmitglieder umfassen. Die National Audubon Society der Vereinigten Staaten, die Royal Society for the Protection of Birds in Großbritannien und der Deutsche Bund für Vogelschutz gehören zu den wichtigsten Mitgliedern des ICBP. In einigen Ländern sind auch Regierungsstellen in der Sektion vertreten.

Der ICBP hat viele verschiedene Aufgaben, aber sein Hauptanliegen kann wohl am besten mit der Arbeit einer Entwicklungshilfe-Organisation verglichen werden. Einerseits sind im ICBP industrialisierte Länder vertreten, in denen es starke private Vogel- und Naturschutzvereine gibt und wo von öffentlicher und privater Seite relativ viel für den Schutz von Vögeln und ihrer Biotope unternommen wird (auch wenn es vielen bei weitem nicht genug erscheint). Auf der anderen Seite sind die Entwicklungsländer, mit höchstens einigen Einzelpersonen oder kleinen lokalen Vereinen, die sich von privater Seite aus um Naturschutzfragen kümmern. In diesen Ländern gibt es für solche Zwecke keinerlei finanzielle Mittel, und generell sind die Vogelschutzprobleme hier weitaus größer als bei uns.

Wenn wir an die unvorstellbar rasch fortschreitende Zerstörung des Regenwaldes denken, wo das Überleben von Tausenden von einmaligen Pflanzen- und Tierarten (darunter Hunderte von Vögeln) auf dem Spiel steht, oder an den großflächigen Gebrauch von Pestiziden, die bei uns wegen ihrer Umweltsgefährlichkeit längst verboten sind, in Afrika und Asien, dann kommen einem viele Vogelschutzprobleme in den entwickelten Ländern als trivial vor. ICBP ist bemüht, Erfahrungen und finanzielle Mittel zwischen den Ländern, die sie besitzen, und denjenigen, wo sie fehlen und am dringendsten benötigt werden, zu vermitteln. Ein vergleichender Blick auf die internationale Rote Liste der bedrohten Vogelarten und in die Kartei der ICBP Mitgliedsorganisationen zeigt deutlich diese ungleichmäßige Verteilung der Naturschutzarbeit. Während in entwickelten Ländern durchschnittlich nur 0,7 bedrohte Vogelarten auf eine Organisation entfallen, sind es in den Entwicklungsländern zwölfmal mehr, nämlich 8,7 Arten pro Verband. Wenn wir zusätzlich bedenken, daß Naturschutzvereine in den entwickelten Ländern im Mittel zumindest 30-

mal mehr Einzelmitglieder aufweisen als die Schwesterorganisationen in den Entwicklungsländern, gibt dies einen Anhaltspunkt, wieviel weniger Aufmerksamkeit in diesen Gebieten den einzelnen Naturschutzproblemen seitens der privaten Bevölkerung zuteil werden kann. Daß in solchen Staaten auch die Regierung meistens kein Geld für Naturschutz besitzt, bedarf kaum einer Erwähnung.

Die Rolle von privaten Vereinen im Naturschutz, sei es auf nationaler oder internationaler Ebene, darf nicht unterschätzt werden. Das Interesse und die Besorgnis der Personen, die sich in solchen Fachorganisationen zusammenschließen, waren und bleiben der wichtigste Motor zur Motivation. Sie sind ein wichtiges Gegengewicht zu den zahlreichen Stimmen und Forderungen der auf fortdauernder Entwicklung bedachten Gegenseite.

Eine wesentliche Basis für die Arbeit des ICBP ist das ständige Sammeln von Informationen aus der ganzen Welt über Probleme, die die Zukunft von Vogelarten, von einzelnen Populationen oder wichtigen Biotopen bedrohen. Besonders bedeutsam ist die *Internationale Rote Liste.* Zusammengestellt wird sie seit über 15 Jahren vom ICBP in Zusammenarbeit mit der IUCN (International Union for Conservation of Nature and Natural Resources), die alle anderen Tiergruppen bearbeitet. Alle Arten, deren Überleben auf der Erde bedroht ist, sind in der Liste in verschiedenen Dringlichkeitsstufen aufgeführt. Die Liste wird durch einen hauptamtlichen Wissenschaftler fortwährend neu bearbeitet, und die Daten werden in regelmäßigen Abständen neu veröffentlicht. Die letzte Ausgabe der Roten Liste der Vögel („Endangered Birds of the World – the ICBP Bird Red Data Book". Smithsonian Institution Press. Stand 1979) enthält 437 international bedrohte Arten oder Unterarten. Diese Zahl ist in der laufenden Revision auf mindestens 700 angestiegen. Einige dieser Formen sind unmittelbar von der Ausrottung bedroht.

ICBP besitzt ein umfassendes Programm von Schutzprojekten, die sich über alle Teile der Erde verteilen. Um aber zu verhindern, daß die beschränkten Mittel zu weit gestreut und dadurch nirgendwo nachhaltige Resultate erzielt werden, konzentrieren sich die Projekte auf eine Anzahl sorgfältig ausgewählter Prioritätsthemen. Tropischer Regenwald und ozeanische Inseln stehen als Ökosysteme im Vordergrund. Letztere beherbergen über die Hälfte der bedrohten Arten, und 95% der in den letzten 200 Jahren ausgestorbenen Vögel waren Inselbewohner. Als Vogelgruppen werden z. Z. den Greifvögeln (wichtige Indikatoren für terrestrische Ökosysteme), Meeresvögeln (Indikatoren für marine Ökosysteme) und Papageien (stark durch Vogelhandel bedroht) Priorität eingeräumt. Besondere Aufmerksamkeit erhalten zudem die Zugvögel, vor allem im Hinblick auf den Schutz ihrer südlichen Durchzugsgebiete und Winterquartiere.

Die laufenden Projekte des ICBP werden alljährlich in einem Naturschutzprogramm vorgestellt. Über ihren Verlauf wird im Jahresbericht informiert. Ein paar wichtige Projekte des ICBP sind nachfolgend kurz beschrieben.

Cousin-Insel, Seychellen: Im Jahre 1968 erwarb ICBP die 27 ha große Cousin-Insel auf den Seychellen. Die Insel ist das einzige Reservat auf der Welt in internationalem Besitz. Sie ist von außerordentlich ornithologischer Bedeutung, mit zwei endemischen Arten von Landvögeln *(Buschsänger, Seychellenweber)* und großen Kolonien von Meeresvögeln (einschließlich *Feen-Seeschwalben* und *Noddy-Seeschwalben*), insgesamt über 250000 Paare. Die Insel ist auch wichtiger Brutplatz für Meeresschildkröten. Das Reservat wird von einem Wissenschaftler, assistiert von drei Einheimischen, betreut. Die seit über 10 Jahren andauernden wissenschaftlichen Untersuchungen machen die Cousin-Insel zu einer der biologisch am besten dokumentierten Inseln.

Tagesbesuche von Touristen geben der Insel eine bescheidene Einnahmequelle; langfristig muß der Naturschutz der Insel sich aber selber tragen, weil ICBP nicht über genügend eigene Mittel verfügt.

Bedrohte Vögel auf Mauritius: Seit 1973 sorgt sich ICBP in Zusammenarbeit mit der Regierung und ein paar anderen Organisationen um die Erhaltung von drei höchst bedrohten Arten, die ein lächerlich kleines Überbleibsel des ursprünglichen Waldes auf Mauritius bewohnen: *Mauritius-Falke* (nur etwa 15 Uberlebende), *Mauritius-Papagei* (1982 lediglich noch 5 Exemplare) und die *Rosarote Taube.* Die Zerstörung des Lebensraumes und die Verfolgung durch eingeführte Affen lassen dies ein beinahe aussichtsloses Unternehmen erscheinen. Dennoch ist es gelungen, Falken und Tauben in Gefangenschaft aufzuziehen und auf diesem Wege genügend Tiere zu erbrüten, die dann in günstigen Gebieten wieder ausgesetzt werden können. Es wird noch viele Jahre dauern, bis sich mit Sicherheit sagen läßt, ob diese Arten vor dem Aussterben bewahrt werden können. Um den Papagei steht es leider ziemlich hoffnungslos.

Azorengimpel: Während mehrerer Jahrzehnte wurde befürchtet, daß diese deutlich zu unterscheidende Unterart des Gimpels auf den Azoren ausgestorben sei. Nachdem ICBP 1980 gemeldet wurde, daß in den Resten eines Lorbeerwaldes eine kleine Population bestehe, boten wir den Behörden auf den Azoren an, sie bei Begründung und Leitung eines Reservates zu beraten. Dank der finanziellen Unterstützung durch mehrere Organisationen, einschließlich des DBV, konnte dies Projekt erfolgreich durchgeführt werden. Anschließend wurde ICBP mit einer generellen Untersuchung über naturkundlich orientierten Tourismus auf den Azoren beantragt. Gleichzeitig hat die Regierung auch den Wunsch geäußert, eine separate ICBP-Sektion zu gründen.

Wichtige Vogelgebiete in der EG: Im Auftrage der EG hat ICBP mit Hilfe der entsprechenden Sektionen eine Liste solcher Gebiete erstellt, die für 70 bedrohte Vogelarten im EG-Raum von Bedeutung sind. Die Liste enthält wichtige Daten über mehrere hundert Gebiete, in denen ohne eine genaue Umweltverträglichkeitsstudie keine Eingriffe vollzogen werden dürfen.

Inventar von Feuchtgebieten in Südamerika: Während in Europa und Nordamerika der Schutz von Feuchtgebieten in den letzten 20 Jahren sehr viel Aufmerksamkeit fand, blieben viele der ausgedehnten Sumpfgebiete in den tropischen Kontinenten weitgehend unbeachtet. Zusammen mit dem Büro für internationale Wasservogelforschung erstellt ICBP in den Jahren 1983 und 1984 ein Inventar der wichtigen Feuchtgebiete in Südamerika. Mit dieser Liste sollen die Regierungen dann ermuntert werden, diese ökologisch bedeutenden Gebiete zu schützen.

Südpazifische Inseln: Die Hunderte von Inseln im Südpazifik beherbergen viele endemische Vogelarten, die stark bedroht sind oder über deren Status nichts bekannt ist. ICBP hat damit begonnen, ein umfassendes Programm für den Schutz von Vögeln und Biotopen in diesem Inselkontinent zu entwerfen. Um die Prioritäten für einzelne Feldprojekte besser bestimmen zu können, wird zuerst ein Probleminventar benötigt, dessen Erstellung von der neuseeländischen Sektion finanziert wird.

Zum Schluß die Frage: *Welche Unterstützung benötigt ICBP in Zukunft?* Die Arbeit des ICBP wird durch die Sektionen, Mitgliederorganisationen, den WWF und andere Stiftungen und durch Zuwendungen von Einzelpersonen finanziert. (Informationen über Einzelmitgliedschaft beim ICBP erhält man von ICBP Sekretariat, 219c Huntingdon Road, Cambridge CB3 ODL, England.) ICBP arbeitet mit äußerst bescheidenen Mitteln. Wenn aber ICBP den immer größer werdenden Anforderungen gerecht werden soll, braucht er wesentlich größere Unterstützung von den finanzstarken Verbänden. Was nützt es, unter viel Kostenaufwand die Brutgebiete von Zugvogelarten in Europa und Nordamerika zu schützen, wenn gleichzeitig ihre Wintergebiete großräumig unbewohnbar gemacht werden? Jedermann muß einsehen lernen, daß Naturschutz nicht nur innerhalb des eigenen Landes betrieben werden kann. Jenseits von dessen Grenzen wird in dieser Hinsicht unter Umständen nichts unternommen, es sei denn mit Hilfe und unter Anleitung erfahrener Mitglieder der internationalen Gemeinschaft.

Dr. Christoph Imboden
Direktor der ICBP-Zentrale

National Audubon Society (NAS)

Die *National Aubudon Society* war stets an der Spitze der Naturschutzbewegung in den USA. Sie wurde 1905 gegründet, um der Massenvernichtung von Vögeln, die wegen ihrer zu dekorativen Zwecken verwendeten Federn getötet wurden, Einhalt zu gebieten. Sie ist eine private, gemeinnützige Natur- und Umweltschutz-Organisation, die auf lokalen, nationalen und internationalen Ebenen tätig ist, um ökologisch wertvolle Lebensräume in aller Welt zu erhalten.

Durch das Studium des Vogellebens hat die Gesellschaft auf breiter Basis eine Naturschutzauffassung entwickelt, die auf wissenschaftlich gesicherten ökologischen Grundlagen fußt. Grundgedanke ist eine Auffassung des Lebens als dauerhaft verflochtenes Gewebe, in dem sämtliche Bestandteile voneinander abhängen. Das Hauptziel der Gesellschaft ist dabei, Naturschutz über lange Zeiträume zu betreiben und darauf zu achten, daß unser natürliches Erbe nur äußerst behutsam genutzt wird.

Heute ist die National Aubudon Society vor allem mit Öffentlichkeitsarbeit und Forschung beschäftigt sowie mit naturschutzpolitischen Aktivitäten, um ihre Ziele zu erreichen. Die Gesellschaft hat über 470000 Mitglieder und 475 Gruppen sowie 10 regionale Geschäftsstellen, die sich mit den obengenannten Aufgaben befassen. Außerdem verfügt die NAS über 75 Schutzgebiete, fünf Naturzentren, vier Ökologie-Camps, drei Forschungs- und Studienzentren sowie über zahlreiche Publikationen, wie die Zeitschriften *„Audubon“* und *„American Bird“*.

Das Öffentlichkeitsprogramm der Gesellschaft umfaßt: Die *„Audubon Arche“*, eine mobile Aufklärungseinheit, die die kritische Situation nordamerikanischer Arten veranschaulicht; Seminare und Reiseprogramme, die Exkursionen zu den naturkundlich aufregendsten Plätzen dieser Erde bieten; schließlich die *„Audubon Wildlife Films“* (Naturfilme), eine Vortragsreihe, die über 200 Gemeinden im Jahr erreicht.

Forschungsarbeiten befassen sich mit dem Schreikranich, dem Weißkopf-Seeadler, dem Kalifornischen Kondor und dem Papageitaucher. Zusätzlich analysiert die Abteilung für Umweltpolitik Daten zu den Themen: Populationen, Energie, Biozidanwendung und Landverbrauch. Dadurch will man versuchen, zu umfassenden Lösungen dieser Weltprobleme zu kommen.

Auf dem politischen Sektor führt der in Washington ansässige Stab Rechtsstreite im Naturschutzbereich, tritt vor dem Kongreß als Beweisführender auf und koordiniert eine „Bürger-Mobilisierungs-Kampagne“, die im Umweltschutz Aktive über gegenwärtige gesetzliche Verhältnisse auf dem laufenden hält.

Dr. Russell Peterson
Präsident der NAS

Royal Society for the Protection of Birds (RSPB)

Die *Royal Society for the Protection of Birds* ist gegenwärtig Europas größte freiwillige Naturschutz-Vereinigung mit über 340000 erwachsenen Mitgliedern und 110000 Mitgliedern der Jugendabteilung, des „Young Ornithologists' Club". Die Gesellschaft begann vor fast 100 Jahren, angeregt durch die Sorgen, die man sich über den Gebrauch von Vogelfedern für Modewaren machte. Massentöten von Reihern, vor allem der kleinen Seidenreiher in Südeuropa und der Schneereiher in Nordamerika, hatte die Gesamtzahl dieser Vögel außerordentlich verringert. 1889 hatte eine Frauengruppe in Didsbury bei Manchester eine Pelz- und Federgruppe gebildet.

Innerhalb von zwei Jahren hatte sich diese Gruppe in die „Gesellschaft für Vogelschutz" verwandelt und ihre Tätigkeit nach London verlegt. Ursprünglich waren die Mitglieder vorwiegend Frauen, aber Dank der Unterstützung des Schriftstellers und Naturforschers W. H. Hudson hatte sich die Hilfe für die Gesellschaft so vergrößert, daß man 1897 schon einen hauptamtlichen Sekretär einstellen konnte.

Obwohl das Hauptziel der Gesellschaft noch immer die Abschaffung des Handels mit Vogelfedern war, richtete sie ihre Aufmerksamkeit nun auch auf andere Gefahren, die den Vögeln in Groß-Britannien drohten. Die ersten Vogelwärter, Vorläufer der heutigen Aufseher, wurden 1901 ernannt, um Spießenten am Loch Leven in Schottland zu schützen.

1903 wurde die erste Zeitschrift der Gesellschaft, *Bird Notes and News,* herausgegeben. Sie war ein solcher Erfolg, daß man 1904 eine königliche Gründungsurkunde beantragte und bewilligt bekam. Von dieser Zeit an ist die Gesellschaft als „Royal Society for the Protection of Birds" bekannt.

Nachdem 1921 das „Feder-Gesetz" verabschiedet wurde, war das Hauptziel der Gesellschaft erreicht, und man ging daran, in den 20er Jahren die Ziele weiterzustecken: Der erste Grundbesitz – Dungeness in Kent – wurde am Ende des Jahrzehnts gekauft, die Zahl der Aufseher, die seltene Vögel bewachten, wurde erhöht, und die Gesellschaft widmete sich nun neuen Gefahren für Vögel, z. B. der Ölverschmutzung und der Wirkung giftiger Chemikalien. Immer noch betrug die Mitgliederzahl nur einige Tausend. Der Erfolg der Gesellschaft beruhte vor allem auf dem Einfluß, den einige Mitglieder hatten.

Erst als die Gesellschaft 1961 von London nach Sandy, ihrem jetzigen Hauptsitz, zog, erhöhte sich die Mitgliederzahl schnell und gab der Gesellschaft eine solide Grundlage für ihre wichtige Arbeit zum Schutz der Vögel. Anfang der 60er Jahre nahmen Freizeit und Wohlstand zu: Das durch die Gesellschaft angeregte Interesse an Vögeln und ihrer Erhaltung, ließ die Zahl der Mitglieder von weniger als 10000 im Jahre 1960 auf 100000 im Oktober 1972 und schließlich bis zum augenblicklichen Stand von über 340000 wachsen.

Die Gesellschaft hat zwei Hauptarbeitsbereiche: Die Erhaltung wilder Vögel und ihrer Lebensräume sowie die Erstellung von Informationen zur Aufklärung der Öffentlichkeit über Vögel und deren Erhaltung. Einige Aspekte der Arbeit der Gesellschaft sind besonders gut an der Wiederansiedlung des Fischadlers zu erkennen, einer Art, die nun im schottischen Hochland ihre Brutstätten hat. Der Fischadler war schon im 19. Jh. sehr selten geworden, wozu vor allem das Sammeln seiner Eier und der Abschuß von Vögeln beigetragen hatten. Anfang dieses Jahrhunderts gab es nur noch zwei Paare, und auch diese verschwanden bald. Da auch in Skandinavien die letzten noch vorhandenen Paare rücksichtslos verfolgt wurden, gab es nirgendwo Vögel dieser Art, die für eine Wiederansiedlung in Frage kamen. Man nahm an, daß der Fischadler unserer Avifauna endgültig verlorengegangen war.

1950 wurde gerüchteweise davon berichtet, daß Fischadler wieder in Speyside ansässig seien. Die ersten zuverlässigen Nachrichten von neuerlichen Brutversuchen erreichten die RSPB 1955, als man Vögel fand, die am Sluggan Paß einen Horst bauten, der aber nach ein paar Tagen wieder verlassen wurde. Rückblickend kann man annehmen, daß sie wahrscheinlich auch 1952, 1953 und 1954 schon erfolgreich gebrütet hatten und daß 1955 der Horst am Sluggan Paß einfach aus Frustrationsreflex entstanden war, nachdem ein vorher irgendwo anders in Speyside gebautes Nest Schaden genommen hatte. Allerdings war der RSPB zu dieser Zeit nichts davon bekannt, und George Waterson und Philip Brown machten provisorische Pläne zum Schutz der Fischadler, falls sie 1956 zurückkehren sollten. Der Sluggan-Horst wurde nicht wieder aufgesucht, und später stellte sich heraus, daß der Versuch der Vögel, im Rothiermurchus Forst zu nisten, gescheitert war. Nachdem dieser Plan mißlungen war, bauten sie sich im Juni einen Horst am Loch Morler, der aber auch bald aufgegeben wurde. „Unternehmen Fischadler" begann im nächsten Jahr, wenigstens dem Namen nach, als ein Aufseher, der Anfang April dort eingesetzt wurde, die Fischadler bei ihrer Ankunft beobachten wollte. Doch es wurde nur ein Vogel gesehen, und es schien, daß der Versuch der Fischadler, Schottland wieder zu besiedeln, zum Scheitern verurteilt sei. Doch die RSPB gab die Hoffnung nicht auf, und 1958 nistete ein Fischadlerpaar am Loch Garten und legte Eier. Man bewachte das Paar Tag und Nacht, und alles schien gut zu gehen. Aber nach einem Drittel der Brutzeit stieg ein Eindringling auf den Baum, offensichtlich um die Eier zu stehlen. Er wurde entdeckt und konnte gerade noch entkommen, ließ dabei aber die zwei Fischadlereier fallen, die er durch zwei Hühnereier im Nest ersetzt hatte. Nach einigen Tagen, in denen die Vögel unruhig waren, entdeckten sie den Betrug. Die Fischadler flogen zu einem anderen Baum auf der anderen Seite des Loch Garten und bauten dort einen der bekannten „Frustrations-Horste". Dadurch waren alle so sorgfältig gemachten Pläne vereitelt, obwohl man wertvolle Erkenntnisse gewonnen hatte, die sich in der Zukunft als nützlich erweisen sollten.

1959 wurde ein Baumnest vorbereitet. Die unteren Zweige wurden abgesägt, Stacheldraht kam um den Baum, und zur Vorsicht richtete man auch noch einen weiteren Baum so her. Die Vögel wählten natürlich den zweiten Baum, was für die freiwilligen Wächter eine ziemliche Arbeit bedeutete, denn nun mußten sie alle Ausrüstungsgegenstände, wie z. B. die Feldtelefonkabel, dorthin bringen. Anfang Juni schlüpften drei Junge, und kurz danach traf die RSPB eine einschneidende Entscheidung. George Waterson bestand darauf, dieses Ereignis – das Brüten der Vögel – in den Medien bekanntzugeben. Es hätte sowieso nur kurze Zeit gedauert, bis die Nachricht durchgesickert wäre, und diese Entscheidung der RSPB, die Rückkehr der Fischadler zu veröffentlichen, war ein Glanzstück. In den verbleibenden 6–7 Wochen der Brutzeit kamen nicht weniger als 14000 Leute, um die Fischadler zu sehen. Der Wert der Werbung für die Gesellschaft war enorm, und die öffentliche Meinung war völlig für den Schutz der Fischadler.

Unternehmen Fischadler hat sich seither in Loch Garten jedes Jahr wiederholt: Es hat merkwürdige Mißerfolge gegeben, aber nur einmal wurden sie durch menschliche Störungen verursacht. 1975 wurde Loch Garten und das umliegende Land – zusammen ca. 380 ha – von der RSPB als ständiges Naturschutzgebiet gekauft. Ungefähr 1 Mio. Menschen haben nun die Loch Garten-Fischadler gesehen, seit deren Rückkehr 1959 bekanntgegeben wurde, und jedes Jahr werden Nachrichten ihrer Wiederkehr – ob im Fernsehen oder in der Presse – gespannt erwartet: Sie sind inzwischen fast zu einer nationalen Einrichtung geworden! Die anfängliche Zahl der in Schottland brütenden Fischadler ist ständig angewachsen, und 1982 haben 30 Paare gebrütet, davon 21 mit Erfolg, und haben zusammen 46 Junge aufgezogen. Dank der RSPB ist der Fischadler nun wieder ein Bestandteil der schottischen Vogelwelt!

Auch andere Initiativen der Gesellschaft stehen in Verbindung mit Fischadlern. 1960 hatte ein großer Teil der Forschungsarbeit der RSPB Problemen mit den Bioziden, vor allem mit chlorierten Kohlenwasserstoffen gegolten, Probleme, auf die auch in Rachel Carsons Buch „Der stumme Frühling“ aufmerksam gemacht wird. Es ist vermutlich kein Zufall, daß sich die Zahl der Fischadler in Schottland erst nach dem Verbot bestimmter Chemikalien wieder erhöht hat, obwohl der Fischadler durch sie weniger gefährdet erscheint als andere Greifvögel.

Kürzlich hat die Filmabteilung der RSPB einen Film, der eine Auszeichnung gewann, über das Leben der Fischadler gedreht, der vor allem in Schottland aufgenommen wurde.

Nun wollen wir uns einmal den heutigen Aufbau der RSPB ansehen. Es gibt einen ständigen Stab von über 300 Mitarbeitern. Zu ihm zählen die Angestellten der Hauptgeschäftsstelle in Sandy und der Regionalbüros im Lande sowie die Aufseher, die die Naturschutzgebiete überwachen. Wie schon erwähnt, die Hauptarbeit besteht in der Erhaltung wilder Vögel und ihrer Lebensräume. Die Gesellschaft besitzt oder pachtet augenblicklich ungefähr 85 Naturschutzgebiete, die viele verschiedene Lebensräume repräsentieren. Wenn es möglich ist, werden diese Gebiete gekauft, viele durch besondere Spendenaufrufe; auch Loch Garten wurde so erworben. Da die Zahl der für Vögel bedeutenden Gebiete auf nationaler Ebene weiter abnimmt, ist es das Ziel der RSPB, möglichst viele von ihnen in ihrem Bestand zu sichern und zu betreuen. Neben Loch Garten ist wohl *Minsmere* das am besten bekannte Naturschutzgebiet. Es wird bereits seit Ende der 40er Jahre von der Gesellschaft betreut, obwohl es erst kürzlich gekauft wurde. Viele verschiedene Lebensräume sind in Minsmere vertreten, deren wichtigster die *Scrape* ist, eine künstlich angelegte, leicht salzige Lagune mit vielen Inseln, auf denen Seeschwalben und der Säbelschnäbler brüten. Letzterer ist eine Art, die durch die Hilfe der Gesellschaft wieder regelmäßig in Groß-Britannien brütet (und zum Emblem der Gesellschaft gewählt worden ist). Auch die Röhrichtbestände des Reservats sind wichtig, denn dort leben Rohrweihe, Rohrdommel und Bartmeise, die als Brutvögel im Vereinigten Königreich recht selten sind. 1979 wurde dem Naturschutzgebiet Minsmere der RSPB das Europadiplom des Europarates verliehen.

Viele seltene Brutvögel werden jedes Jahr bewacht, um sie vor allem gegen unbeabsichtigte Störungen, Eiersammler und gewissenlose Falkner zu schützen. Wanderfalken sind durch Falkner besonders gefährdet, während Rote Milane Hauptopfer der Eiersammler sind. Die Artenschutz-Abteilung trägt auch die Verantwortung für die Untersuchungen bei Gesetzesübertretungen, die sich gegen Vögel richten; denn es gibt keine dafür zuständige Regierungsstelle, die diese Funktion ausführen könnte.

Das Conservation Planning Department überwacht Gefahren, die den Vögeln und ihren Lebensräumen drohen, und steht in enger Verbindung mit allen Kreisen und Gruppen, die mit der Landnutzung zu tun haben, z. B. der Forst- und der Landwirtschaft. Auch Projekte der Landerschließung und Vorhaben der Industrie werden überprüft, besonders dann, wenn es sich um Gebiete von nationaler oder regionaler ornithologischer Bedeutung handelt. Ein anderer wichtiger Punkt ist die Zusammenarbeit mit der Regierung. Die Gesellschaft beschäftigt auch einige Biologen, die praktische Forschung zur Erhaltung der Vögel in Groß-Britannien durchführen. Das schließt die Überwachung und Erforschung der notwendigen Lebensräume besonders gefährdeter Vögel oder Vogelgruppen mit ein. Die seit langem bestehende *Beached Bird Survey* beschäftigt sich speziell mit Seevogelpopulationen und ihnen drohenden Gefahren.

Obwohl sich die Arbeit der Gesellschaft am sichtbarsten in der Schaffung von Naturschutzgebieten und in der erfolgreichen Vermehrung seltener Vogelarten zeigt, kommt auch der Aufklärungsarbeit eine sehr wichtige Funktion zu. Die Öffentlichkeit muß ständig daran erinnert werden, wie wichtig es ist, Gebiete für Vögel zu retten, wie es auch dauernd Nachfragen nach Informationen über Vögel – speziell im Hinblick auf die Freizeitgestaltung – gibt. Der Liebhaber wird durch die vierteljährlich erscheinende Zeitschrift „Birds" informiert, für Jugendliche ist die Zeitschrift „Bird Life" bestimmt, die zweimal monatlich erscheint. Drei bis vier Filme, die von der Filmabteilung jährlich hergestellt und überall im Land gezeigt werden, und organisierte Treffen für Mitglieder eines Bezirkes sorgen für weitere Öffentlichkeitsarbeit. Es kann natürlich leicht geschehen, daß eine Organisation mit ⅓ Mio. Mitgliedern unpersönlich wird, aber durch ein Netzwerk von über 160 Mitgliedergruppen können alle, die interessiert sind, in Verbindung bleiben, die letzten Neuigkeiten erfahren und ihre Interessen mit gleichgesinnten Freunden pflegen. Schließlich besteht eine enge Verbindung mit Schulen sowie regelmäßiger Kontakt mit Lehrern durch Kurse oder Rundschreiben.

Der *„Young Ornithologists' Club"* (YOC) ist ein Klub für junge Leute bis zum Alter von 15 Jahren. Kinder haben viele Interessen, und die große Anzahl der Mitglieder, die im YOC waren, bedeutet, daß sich die nächste Generation wenigstens der Vögel und ihrer Rolle im Naturhaushalt bewußt ist. Viele YOC-Mitglieder werden natürlich auch Mitglieder des RSPB. Ähnlich wie die RSPB, hat auch die YOC viele lokale Gruppen überall im Land, so daß die Kinder Gelegenheit haben, Freundschaften mit anderen jungen Ornithologen zu schließen und von den Erfahreneren zu lernen.

Von den Aktivitäten der Gesellschaft, die Verbindungen zu ähnlichen Gesellschaften in anderen Ländern – besonders in Europa – herstellt, ist eine nicht zu vergessen, die durch das steigende Bewußtsein für die Notwendigkeit des internationalen Naturschutzes erforderlich geworden ist. Landesgrenzen bedeuten für Vögel nichts. Darum kann ihre Erhaltung nicht in der Isolierung, sondern nur durch internationale Zusammenarbeit erreicht werden. Der vor uns liegende Weg ist schwer, aber nicht hoffnungslos!

Ian Prestt
Direktor der RSPB

Deutscher Bund für Vogelschutz (DBV)

Projekte und Erfolge

Der Deutsche Bund für Vogelschutz – Verband für Natur- und Umweltschutz – hat schon seit seiner Gründung als *Bund für Vogelschutz* den Vogelschutz dazu benutzt, um für einen umfassenden Naturschutz zu werben. Das niedliche Rotkehlchen im Garten spricht jeden an, auch wenn es als Art den Schutz weniger nötig hat als manche ekeligen Käfer oder Schnecken. In Schutzgebieten und Reservaten, die für Vögel errichtet werden (so z. B. am Federsee in Oberschwaben), leben sie aber alle:
Säugetiere, Amphibien, Reptilien, Insekten, Spinnen, Bäume, Sträucher, Orchideen und natürlich auch Vögel. Über den Vogelschutz wird auf diese Weise seit 1899 ein umfassender Naturschutz betrieben zum Schutz der Arten und ihrer Lebensräume.

Das „Millionending" Wallnau

Auf der Ostseeinsel Fehmarn bot sich 1974 die Gelegenheit, das etwa 250 ha große Teichgut Wallnau durch Kauf für den Naturschutz sicherzustellen. Der Kaufpreis von über einer Million DM schien manchem eine zu große Belastung für einen Verband, der damals kaum 50000 Mitglieder besaß. Doch mit Hilfe der neuen Mitgliederzeitschrift WIR UND DIE VÖGEL und vor allem durch die erstaunliche Spendenbereitschaft der Mitglieder gelang es schon in zwei Jahren, Wallnau in eine sichere Zukunft zu führen.

Seither ist Wallnau auf Fehmarn zu einem Begriff für den Naturschutz in der Bundesrepublik geworden. Viele tausend Feriengäste auf Fehmarn besuchen das Naturschutzzentrum, in dem auch Räumlichkeiten für Seminare und Versammlungen bestehen. Zu den Kostbarkeiten dieses Reservates gehören Rothalstaucher, Graugans, Große Rohrdommel, Trauerseeschwalbe und zu den Zugzeiten riesige Scharen von durchziehenden Enten- und Watvögeln.

Das mit dem Europadiplom ausgezeichnete Wollmatinger Ried

Schon in den 30er Jahren war das Wollmatinger Ried zum Naturschutzgebiet erklärt worden, weil diese Uferlandschaft am Bodensee westlich von Konstanz eine ungewöhnliche Vielfalt von Brutvogelarten, aber auch einen herausragenden Bestand seltener Pflanzenarten aufwies. Über Jahrzehnte hinweg blieb es immer wieder schwierig, dieses Feuchtgebiet von internationaler Bedeutung gegen andere Interessen zu verteidigen. Durch einen geplanten Flughafen, durch Industrie- und Freizeitanlagen sollte das Reservat immer weiter eingeengt werden.

Wieder waren es aktive Mitglieder des Deutschen Bundes für Vogelschutz, die sich mit Erfolg gegen eine Amputation dieses Schutzgebietes erfolgreich zur Wehr setzten. 1979 konnte schließlich das Naturschutzzentrum am Rande des Wollmatinger Riedes eröffnet werden. Seither wird das Naturschutzgebiet in staatlichem Auftrag ständig vom Deutschen Bund für Vogelschutz betreut. Inzwischen haben sich viele tausend Besucher nicht nur im Naturschutzzentrum, sondern auch auf Führungen durch das Schutzgebiet durch die Vielfalt der hier lebenden Tier- und Pflanzenarten begeistern lassen. Dabei wird deutlich, daß nicht nur seltene Vogelarten, wie Kolbenente, Schwarzhalstaucher, Flußseeschwalbe und Rohrschwirrl, sondern ebenso Küchenschelle, Frühlingsenzian und Mehlprimel wertvolle Teile dieser einzigartigen Riedlandschaft sind.

Sunder – Chance und Herausforderung

Wenige Kilometer nordwestlich von Celle in Niedersachsen bestehen seit einigen hundert Jahren Fischteiche, die auf einer Gesamtfläche von etwa 1200 ha teilweise unter Schutz gestellt worden sind. Schon in den 70er Jahren wurden ökologisch wertvolle Flächen mit Naturschutzmitteln aus dem Ministerium für Ernährung, Landwirtschaft und Forsten der Bundesrepublik Deutschland aufgekauft und zum Naturschutzgebiet erklärt. Im Jahre 1980 hat sich der Deutsche Bund für Vogelschutz entschlossen, das am Rande dieses äußerst wertvollen Gebietes gelegene Teichgut Sunder zu erwerben, um geplante Freizeitaktivitäten, die das Gebiet auf das schwerste beeinträchtigt hätten, zu verhindern. Wieder halfen die Mitglieder des Deutschen Bundes für Vogelschutz in großartiger Weise, damit die gesteckten Ziele erreicht werden konnten. Im Frühjahr 1973 wurde das Naturschutzseminar Sunder eröffnet und erstmals ein Seminarprogramm für das ganze Jahr angeboten. Inzwischen können nicht nur die Mitglieder des Deutschen Bundes für Vogelschutz, sondern auch andere Naturschutzverbände und der Natur verbundene Interessengruppen dieses Naturschutzseminar dazu benutzen, um am Rande eines überregional bedeutsamen Feuchtgebietes Erfahrungen auszutauschen und Naturschutz in Theorie und Praxis zu erlernen und weiter zu entwickeln. Dabei sorgt die naturnahe Landschaft der Meißendorfer Teiche nicht nur für ein reizvolles Panorama. Die Vielfalt der Amphibien, Reptilien, Libellen, Schmetterlinge sowie andere amphibisch und limnisch lebende Tier- und Pflanzenarten stellen eine Fülle interessanter Untersuchungsobjekte. Die Beobachtungen von Fischadlern, Kranichen und Schwarzstörchen gehören für viele Besucher zu den Höhepunkten eines Aufenthaltes auf Sunder.

Mehr Vogelschutz für Malta

Auf der südlich von Sizilien gelegenen Mittelmeerinsel Malta war es seit Hunderten von Jahren üblich, die im Frühjahr und Herbst durchziehenden Scharen von Zugvögeln für die Ernährung zu nutzen. Die Vogeljagd hat, so gesehen, eine sehr lange Tradition. Heute allerdings wird die Vogeljagd nur noch zum Zeitvertreib, als Sport und zum Anlegen großer Präparatesammlungen durchgeführt. Eine kleine, aber sehr aktive Gruppe von Vogelschützern hatte sich in den 70er Jahren gebildet. Seither kann die MOS (Maltas Ornithological Society) erhebliche Erfolge vermelden. Ein Vogelschutzgesetz ist verabschiedet worden, das wenigstens einen Teil der Zugvögel gesetzlich unter Schutz stellt. Auch das wichtigste Feuchtgebiet ist unter Schutz gestellt und durch umfangreiche Pflege- und Gestaltungsmaßnahmen für Wasservögel zu einem äußerst wertvollen Rastgebiet geworden.

Der Deutsche Bund für Vogelschutz unterstützte die Bemühungen der MOS durch einen Zuschuß in Höhe von 60000 DM. Dieses Geld stellte nicht nur den Abschluß der Gestaltungsmaßnahmen sicher. Darüber hinaus konnte auch ein Naturschutzzentrum am Rande des Reservates errichtet werden, in dem jetzt die Bevölkerung Maltas von der Notwendigkeit des Zugvogelschutzes überzeugt werden kann.

Der Deutsche Bund für Vogelschutz hat mit seiner umfangreicher Unterstützung der Malteser Vogelschützer demonstriert, daß er in der Förderung aktiver Vogelschützer den erfolgreichsten Weg zu einer Verbesserung des Vogelschutzes in den Mittelmeerländern sieht.

Rettung für den Azorengimpel

In Mitteleuropa gehört der Gimpel zu den am wenigsten bedrohten Vogelarten. Auf den im Atlantik liegenden Azoreninseln lebt eine etwas größere Form, bei der auch dem Männchen die leuchtend rote Unterseite fehlt. Dieser Azorengimpel war viele Jahre lang verschollen und galt sogar als ausgestorben. Eine intensive Nachsuche in den letzten naturnah verbliebenen Wäldern der Azoren ergab jedoch, daß es 1982 noch einen Restbestand von über 30 Exemplaren gab, den es zu schützen galt. Der Deutsche Bund für Vogelschutz, besonders seine Landesverbände Hamburg und Berlin entschlossen sich bei Bekanntwerden dieses wichtigen Naturschutzprojektes spontan, die Bemühungen der Naturschützer auf den Azoren durch entsprechende Spenden zu unterstützen. Mit diesen Mitteln konnten weitere Untersuchungen durchgeführt werden, die zu einer vorläufigen Sicherstellung des Gebietes geführt haben. Mit großer Wahrscheinlichkeit wird dieses Gebiet jedoch zum Nationalpark erklärt, so daß der Azorengimpel eine gute Chance erhält, weiterhin zu überleben.

Pinguine als Rohstoffe?

Weltweite Proteste erhielt die argentinische Regierung in Buenos Aires, nachdem bekannt geworden war, daß Pläne „geschäftstüchtiger“ Fabrikanten eine der größten Magellanpinguin-Kolonien in Patagonien bedrohte. Denn zur Gewinnung von Proteinen und Leder sollten jährlich 48000 Pinguine weggefangen werden. Der Präsident des Deutschen Bundes für Vogelschutz, Autor dieses Buches, setzte sich nachhaltig dafür ein, daß diese Projekte fallengelassen wurden. Es bleibt eine Aufgabe der internationalen Vogelschutzverbände, dafür zu sorgen, daß diese Pläne nicht wieder neu belebt werden!

Überlebt der Wanderfalke?

Im Südwesten der Bundesrepublik Deutschland hatte der Wanderfalke von 1950 bis 1965 um über 80% im Bestand abgenommen. Die „Arbeitsgemeinschaft Wanderfalkenschutz“ im Deutschen Bund für Vogelschutz hatte sich seither durch intensive Horstbewachungen, Abwehrmaßnahmen gegen Feinde und Parasiten sowie gegen menschliche Störungen um eine Erhaltung der letzten Wanderfalken bemüht. Zunächst war es gelungen, den Bestand vor einem weiteren Absinken zu schützen. Um das Jahr 1980 konnte dann sogar ein leichtes Ansteigen des Bestandes festgestellt werden. Man kann heute feststellen, daß durch ein umfassendes Schutzsystem eine vom Aussterben bedrohte Vogelart erhalten werden konnte. Die Arbeitsgemeinschaft Wanderfalkenschutz im DBV hat den Wanderfalken in der Bundesrepublik Deutschland gerettet. Das von ihr erarbeitete Schutzsystem hat Modellcharakter für die Bemühungen um hochbedrohte Vogelarten schlechthin.

Wer ist „Vogel des Jahres“?

Der Deutsche Bund für Vogelschutz erklärt in jedem Jahr eine Vogelart zum „Vogel des Jahres“. In zunehmender Weise finden die Informationen über diese Art in der Presse und in der Öffentlichkeit großes Interesse. Dabei wird nicht nur für den Schutz dieser einen Art geworben, sondern gleichzeitig auf den für diese Art notwendigen Lebensraum und die anderen dort lebenden Tier- und Pflanzenarten hingewiesen. 1981, im Jahr des Schwarzspechtes, ging es in gleicher Weise um die in den Schwarzspechthöhlen lebenden Rauhfußkäuze und Hohltauben und um die auf naturnahe Altholzbestände angewiesenen Käfer, Schmetterlinge, Moose und Farne.

1982, im Jahr des Brachvogels, war es nicht allein der Schutz des Brachvogels, der verbessert werden sollte. In gleicher Weise sollte der Schutz anderer Vogelarten, z. B. von Braunkehlchen und Bekassine, herausgestellt werden. Auch Amphibien, Reptilien und Orchideen sollten von dieser Schutzaktion profitieren. 1983, im „Jahr der Uferschwalbe“, wird der Deutsche Bund für Vogelschutz darzustellen suchen, daß der ursprüngliche Lebensraum der Uferschwalbe, natürliche Flußufer, heute weitestgehend verschwunden und deshalb besonders streng zu schützen ist. Andererseits ist es erforderlich, der Uferschwalbe in Kies- und Sandgruben Brutmöglichkeiten zu erhalten und zu gestalten. Entsprechend wird aber auch für die an Flüssen lebenden Flußregenpfeifer, Gebirgsstelzen und Eisvögel sowie für die in und an Kiesgruben lebenden Fische, Amphibien und Libellen zu werben sein.

Über tausend DBV-Gruppen in Deutschland

Leistung und Erfolg des Deutschen Bundes für Vogelschutz sind nicht nur durch umfangreiche Spenden der Mitglieder zu erklären. Über 1000 Untergliederungen des Deutschen

Nächste Seite: Insel Bartolomé. Die markante Felsspitze in der rechten Bildhälfte ist das Wahrzeichen des Galapagos-Archipels. Es liegt an uns, ob dieses Paradies fortbestehen kann.

Bundes für Vogelschutz mit insgesamt rund 120000 Einzelmitgliedern leisten vor Ort wichtige Naturschutzarbeit. Sie setzen sich für die Erhaltung von kleineren Feuchtgebieten, von Feldgehölzen, Hecken und Wäldern ein. Sie vertreten die Interessen des Naturschutzes, wenn Eingriffe geplant oder durchgeführt werden.

Auf diese Weise wird nicht nur auf internationaler und nationaler, sondern auch auf regionaler Ebene sichergestellt, daß für die Erhaltung der Natur, der Tiere und Pflanzen sowie ihrer Lebensräume geworben und gearbeitet wird.

Dr. Rainer Ertel
DBV-Bundesgeschäftsführer

Literaturhinweise

Attenborough, D.: Das Leben auf unserer Erde. Hamburg und Berlin: Paul Parey 1979.

Baumann, P.; Saure, H.; Sielmann, H.: Das Abenteuer, Tiere zu retten. Berlin, Hamburg, München: Ullstein 1980.

Brown, L. H.: Die Greifvögel. Ihre Biologie und Ökologie. Hamburg und Berlin: Paul Parey 1979.

Carson, R.: Der stumme Frühling. München: Biederstein 1962.

Darwin, Ch.: Darwins Reise. Tagebuch naturgeschichtlicher und geologischer Untersuchungen über die während der Weltumsegelung auf J. M. Schiff Beagle besuchten Länder. Halle a. d. Saale: Otto Hendel 1893.

Darwin, Ch.: The illustrated Origin of Species. Abridged and introduced by Richard E. Leakey. London: Faber + Faber 1979.

Darwin, Ch.: Die Entstehung der Arten durch natürliche Zuchtwahl. Nach der Übersetzung von I. V. Carus und der letzten englischen Ausgabe bearbeitet von Dr. H. Schmidt, Jena. (Volksausgabe). Stuttgart: Alfred Kröner.

Dimitri, M. J.: Libro del Arbol. Buenos Aires: Ramós Mejiá S. A. 1973.

Eibl-Eibesfeldt, I.: Galápagos. Die Arche Noah im Pazifik. München: Piper 1977.

Engelhardt, W.: Umweltschutz. München: Bay. Schulbuch Verlag 1977.

Grzimek, B.: Grzimeks Tierleben. 13 Bde. München: Kindler 1967.

Grzimek, B.: Grzimeks Tierleben. Entwicklungsgeschichte der Lebewesen. München: Kindler 1972.

Haffer, J.: Avian Speciation in Tropical South America. Cambridge, Mass.: Publ. of the Nuttall Ornith. Club, No. 14 1974.

Hudson, W.: Birds of La Plata. 2 Bde. London, New York, Toronto: J. M. Dent + Sons Ltd. 1920.

Illies, J.; Klausewitz, W.: Unsere Umwelt als Lebensraum. Grzimeks Buch der Ökologie. München: Kindler 1973.

Immelmann, K.: Wörterbuch der Verhaltensforschung. Hamburg und Berlin: Paul Parey 1982.

Kaiser, R.: Global 2000. Frankfurt a. M.: Zweitausendeins 1981.

King, W. B.: Endangered Birds of the World. The ICBP Red Data Book. Washington: Smithsonian Institution Press 1981.

König, C.: Vogelnester und Gelege. Stuttgarter Beiträge zur Naturkunde, Ser. C, Heft 10. Stuttgart: Staatl. Museum für Naturkunde 1979.

Koepcke, M.: The Birds of the Department of Lima. Wynnewood, Penns., Livingston: 1970.

Kurt, F.: Naturschutz – Illusion und Wirklichkeit. Hamburg und Berlin: Paul Parey 1982.

Lack, D.: Ecological Isolation in Birds. Oxford: Blackwell 1971.

Lorenz, K.: Über tierisches und menschliches Verhalten. Gesammelte Abhandlungen. 2 Bde. München: Piper 1965.

Mayr, E.: Artbegriff und Evolution. Hamburg und Berlin: Paul Parey 1967.

Mayr, E.: Grundlagen der zoologischen Systematik. Hamburg und Berlin: Paul Parey 1975.

Meyer de Schauensee, R.: A Guide to the Birds of South America. Wynnewood, Penns.: Livingston 1966.

Moore, T. De Roy: Galapagos. Stuttgart: Belser 1981.

Nelson, B.: Galápagos – Islands of Birds. Worcester, London: Longmans 1968.

Nicolai, J.: Vogelleben. Stuttgart: Belser 1973.

Nicolai, J.: Fotoatlas der Vögel. Das große Bildsachbuch der Vögel Europas. München: Gräfe und Unzer 1982.

Olrog, C. C.: Las Aves Argentinas. Tucumán: Instituto M. Lillo 1959.

Patzelt, E.: Fauna del Ecuador. Quito: Las Casas 1978.

Riedl, R.: Die Ordnung des Lebendigen. Hamburg und Berlin: Paul Parey 1975.

Schwerdtfeger, K.: Lehrbuch der Tierökologie. Hamburg und Berlin: Paul Parey 1978.

Siewing, R.: Lehrbuch der vergleichenden Entwicklungsgeschichte der Tiere. Hamburg und Berlin: Paul Parey 1969.

Stern, H.; Vester, F.; Thielcke, G.; Schreiber, R.: Rettet die Vögel ... wir brauchen sie!. München: Herbig 1978.

Stonehause, B.; Sielmann; H.: Die Rettung der Tiere. 20 Jahre World Wildlife Fund – Seine Leistungen und Erfolge in aller Welt. Frankfurt a. M., Wien, Zürich: Scherz 1982.

Tait, R. V.: Meeresökologie. Das Meer als Lebensraum. Stuttgart: Thieme 1971.

Wahlert, G. v. & H. v.: Was Darwin noch nicht wissen konnte. Stuttgart: Deutsche Verlags-Anstalt 1977.

Weick, F.: Die Greifvögel der Welt. Ein farbiger Führer zur Bestimmung der Ordnung Falconiformes. Unter Mitarbeit von Leslie H. Brown. Hamburg und Berlin: Paul Parey 1980.

Wickler, W.: Mimikry. Nachahmung und Täuschung in der Natur. München: Kindler 1968.

Sach- und Namensregister

Die fett gedruckten Zahlen verweisen auf die Bildseiten

9
10
13
11
12
7
8
5
3
4
1
2
6
Darwins Route